MAURO JULINI

Conflitti, negoziati e negoziatori

Dimensioni del dialogo attraverso la storia

ISBN | 978-88-91190-09-3

Per informazioni sulla presente pubblicazione contattare
RISORSA CITTADINO SOC. COOP. A R.L.
Via Bruni n. 36, 47121 FORLÌ
TEL. 0543.370923 | FAX 0543.456527
informazioni@risorsacittadino.org
www.risorsacittadino.org

L'immagine di copertina è tratta da Freepik.com

SOMMARIO

CAPITOLO QUINTO
PACIFICATORI E NEGOZIATORI

CAPITOLO SESTO
HYSTORIC CASES

PREMESSA

Ciò che cercherò di fare con questo testo è un'operazione culturale.

Cercare, ordinare e presentare il lungo tragitto, la dignità storica e gli strumenti attraverso i quali "le ragioni del dialogo" fra uomini, popolazioni, città, paesi e Stati si sono manifestate, presentate e realizzate nella storia dell'uomo e dello sviluppo delle sue organizzazioni dalle più semplici alle più articolate e complesse.

Nessuna possibilità e volontà di essere esaustivo e/o enciclopedico, solo il tentativo di operare per l'affermazione di un paradigma culturale su tutti i fronti e con tutti i modi leciti e possibili.

Collaborare all'incontro ed all'affermazione di un "paradigma culturale", non può non comprendere:

1. il tentativo di fare luce sulle origini più lontane di quella dimensione culturale con la valenza legittimante di radici antiche;

2. l'operazione culturale di ampliamento e riconoscimento del paradigma culturale come oggetto di conoscenze, confronti ed approfondimenti;

3. una rivisitazione della storia o comunque di eventi, accadimenti e scelte che hanno dimostrato l'efficacia di una dimensione culturale e dei conseguenti approcci;

4. la riflessione sulla straordinaria ricchezza della casistica nonché una rilettura, con le più moderne tecniche ma anche solo con gli occhi del mediatore, di alcune negoziazioni che la storia ci ha consegnato.

Quindi un tentativo di legittimazione degli strumenti extragiudiziali delle controversie attraverso l'analisi di attività strutturate ed articolate di facilitazione del dialogo e delle decisioni comuni come oggetto di analisi e descrizioni ma, al tempo stesso, come punto d'osservazione di avvenimenti storici.

Un tentativo di affermare prima di tutto un metodo, un approccio, un modo di affrontare e di cercare di comporre conflitti e controversie prima che un mera analisi di una panoplia di strumenti di cui l'uomo, anche in tempi diversi, si è avvalso anche quando si trattava di consentire il confronto fra ideologie, religioni e sistemi.

CAPITOLO PRIMO
UN TENTATIVO DI CRONOLOGIA UNIVERSALE DELLA GESTIONE PACIFICA DEI CONFLITTI

Ci sono sempre state due giustizie: una impositiva che divide e scioglie; una conciliativa che lega e conserva[1] io cercherò di ricostruire e dimostrare tale affermazione.

Se infatti è vero che gli studi storico giuridici hanno dimostrato come non via sia comunità organizzata senza regole di condotta e di risoluzione dei conflitti, la storia delle istituzioni giuridiche è, in fondo, la storia di una progressiva ricerca di forme sempre più specializzate al fine di governare la violenza originaria delle relazioni umane mediante leggi e pratiche che si fondino sul consenso preventivo degli associati[2].

Questa affermazione, pienamente condivisibile, non fa il conto, però, con il tempo.

Da tempo immemorabile infatti gli uomini hanno pensato di organizzare la gestione dei loro conflitti prima che vi fossero contesti ordinamentali e/o istituzioni giudiziarie.

Pare infatti riduttivo e semplicistico affermare che alla lunga stagione della vendette possa essere subentrata la civiltà delle regole e delle pene.

Quel che è certo è che forme di giustizia, che non escludevano il concetto di vendetta, si siano affermate in antichissime civiltà

---

[1] Offesa e riparazione – Per una nuova giustizia attraverso la mediazione – Marco Bouchard e Giovanni Mierolo

[2] La certezza e la speranza – Eligio Resta

pre cristiane ed in tutti i continenti.

Possiamo quindi affermare che i tentativi e le modalità informali e non regolate di gestire, forse più che risolvere, i conflitti nascono molto prima delle regole giuridiche e delle istituzioni giudiziarie che concorrono a garantirne il presidio.

Gli studiosi di antropologia giuridica, da parte loro, hanno sempre considerato la lotta e la discussione, come le due forme basilari di accomodazione dei conflitti in tutte le culture; forme differenziate, non contrapposte, in quanto l'una può agevolmente lasciare il posto all'altra.

Ugo Grozio prima, Michel De Taube più tardi ci hanno dato anche indicazioni sull'esistenza e la connessione di procedimenti di mediazione e di arbitrato.

Gli studi storici rilevano la mediazione quale "prassi" che non ha ricevuto un'attenzione proporzionale alla frequenza dei casi disseminati nell'età medievale, nel periodo del basso impero e dell'alto medioevo, del periodo imperiale, passando per il trattato di Parigi del 30 marzo 1856, l'accordo di Berlino del 13 luglio 1878, l'atto generale di Berlino del 26 febbraio 1885, la commissione di conciliazione fra Gran Bretagna e Cile del 28 marzo 1919, la convenzione di conciliazione fra Cile e Svezia del 26 marzo 1920, le clausole di mediazione inserite nei trattati tra:
- Gran Bretagna e Persia del 4 marzo 1857;
- Germania e Persia del 11 luglio 1873;
- Italia e Corea del 26 giugno 1884;
- Francia e Corea del 4 giugno 1886;
- Stati Uniti e Cina del 18 giugno 1958;
- Stati Uniti e Giappone del 28 luglio 1958;
nonché per i documenti istitutivi dell'Organizzazione delle Nazioni Unite fino a giungere alle mediazioni svolte dall'Unione Europea nei conflitti tra Slovacchia e Croazia e Serbia e Unione Iugoslava.

L'ordine negoziato, con tutto il suo informalismo figlio delle tradizioni e dei costumi di comunità e popoli, prepara quindi l'arrivo dell'ordine imposto ma non si stempera e non si estingue in quest'ultimo, prosegue ad esistere ed a evolversi camminando verso una crescente integrazione dentro i confini interni degli ordinamenti giuridici.

Anzi, a onor del vero, è un confronto di paradigmi culturali: da una parte l'ordine imposto, che non poteva legittimare negoziati, accordi, composizioni e mediazioni, dall'altra l'ordine negoziato, inconsapevolmente sentito, dalla società, come la giustizia destinata a risolvere i conflitti, solo residualmente sostituibile da quella delle giurisdizioni statali.

L'evoluzione delle strutture sociali sembra indicarci un vero e proprio cammino parallelo, dell'ordine negoziato e dell'ordine imposto, che giunge fino al nostro tempo, e che non può non risentire delle profonde differenze tra le poche regole fondamentali dell'ordine negoziato e l'estrema diversificazione, formalizzazione e complessità degli ordinamenti giuridici e delle loro istituzioni giudiziarie.

La coesistenza di ordini (negoziato ed imposto) dimostra implicitamente che sono possibili e legittime concezioni plurali del giusto e del bene. Ma si scontra con uno dei principali dogmi del paradigma giuridico della modernità: l'universalità della giustizia con il conseguente monopolio dello Stato che ha formalizzato e razionalizzato le giustizie dentro pochi modelli.

È altrettanto facilmente spiegabile come il prendere forma ed il radicarsi di una scienza, quella del diritto, che si incarica di assicurare, o quanto meno di rappresentare, la giustizia degli uomini per gli uomini e che è fondata sulla generalità, astrattezza e universalità di regole scritte che si realizzano attraverso procedure altamente ritualizzate, possa far apparire, neglette prima ed arcaiche dopo, quelle pratiche e quelle metodologie che, pur occupandosi di gestire i conflitti, non trovano, originariamente, spazio nei confini interni degli ordinamenti giuridici.

La presenza e la forza del diritto, fondato su regole scritte, ancor meglio se nobilitate dai loro antichi e gloriosi ascendenti, è considerato e percepito un tale passo avanti, rispetto al disordine che lo precedeva, che i suoi eccessi formalistici e procedurali, emergono come il male minore.

In realtà la formazione di quelle inossidabili certezze, troppo strettamente dipendenti dalle ascendenze formalizzate e ritualizzate, devono scegliere di non scegliere ma soprattutto non possono includere quell'insieme di credenze e valori condivisi da un ampio ventaglio di culture che concepiscono il processo di pacificazione come un percorso anche spirituale che antepone l'importanza della relazione e del dialogo ad una rapida ed efficiente soluzione del conflitto.

Possiamo quindi tentare di dare una definizione, nel contesto dell'ordine negoziato, di giustizia negoziata?

Per giustizia negoziata possiamo intendere l'attività esercitata da mediatori e pacieri che vengono messi all'opera perché la lacerazione indotta da un delitto venga sanata con reintegrazioni e risarcimenti, scambi, indennizzi e ricompense.

Infatti come sostiene Marco Bouchard "le influenze del buddismo, dello scintoismo e del confucianesimo hanno proposto, nel governo dei conflitti, moduli e tecniche che non hanno reso necessario il ricorso alla categoria dei diritti per prevenire e curare la violenza. Mentre legge e diritti hanno segnato in occidente la storia della giustizia, l'oriente non ha escluso il diritto ma non ha rinunciato a privilegiare la morale ed il costume"[3]. Questo parallelismo, visto oggi, ci consente di affermare che le forme d'integrazione tra giustizia formale e giustizia informale sono esattamente opposte.

In Occidente le soluzioni informali rappresentano un insieme di strumenti residuali, ancorché compatibili e presenti negli ordinamenti giuridici, in Oriente, è il rigore formalistico dell'intervento giudiziale ad essere residuale.

---

[3] Offesa e riparazione – Per una nuova giustizia attraverso la mediazione – Marco Bouchard e Giovanni Mierolo.

Tentiamo allora di costruire una cronologia universale di segnali certi che le varie modalità di gestione pacifica dei conflitti hanno lasciato nella storia:

1. Il Regno di Mari (19 secoli prima di Cristo)
Attraverso il ritrovamento di tavolette di argilla è stato possibile risalire a riferimenti relativi alla mediazione negli affari internazionali[4].

2. Le lettere di Tell El Amarna (15 secoli prima di Cristo)
Anche in questo caso il ritrovamento di tavolette di argilla ha consentito di scoprire un mondo
evoluto in cui erano già presenti le figure degli ambasciatori i più elevati di rango erano chiamati a gestire le negoziazioni più complicate[5].

3. Fenici (tra i 13 ed i 10 secoli prima di Cristo)
Civiltà sorta sulle sponde del Mediterraneo sviluppò ed affinò le tecniche della navigazione dominando per questo il commercio marittimo.
Il dominio del commercio marittimo sviluppo le capacità commerciali e consentì l'affermazione di negoziazioni commerciali anche articolate.

4. Rodi (circa 8 secoli prima di Cristo)
Sulla base di un antico regolamento, riguardante la navigazione nel mediterraneo, nel regolare fattispecie tipiche dell'epoca (le merci gettate in mare a fronte di rischi di naufragio o attacchi di pirati) faceva riferimento al riparto di responsabilità tra i diversi soggetti del trasporto marittimo quale forma di risoluzione delle controversie[6].

---

[4] Homo negotiatior – AMCI – Associazione Mediatori e Conciliatori Italiani.
[5] Homo negotiatior – AMCI – Associazione Mediatori e Conciliatori Italiani.
[6] Homo negotiatior – AMCI – Associazione Mediatori e Conciliatori Italiani.

5. Magna Grecia (circa 7 secoli prima di Cristo)

Nel primo codice occidentale di leggi scritte citato da Strobone, Eusebio e Cicerone e attribuito a Zaleuco da Locri Epizifiri tra gli altri principi veniva stabilito che *"È vietato intraprendere un giudizio fra due se prima non si è tentata la conciliazione".*

6. India (circa 6 secoli prima di Cristo)

Si trovano indicazioni relative al NYAYA PANCHAYAT.

Si tratta dell'adunanza di cinque capi locali riuniti con il compito di aiutare a negoziare o negoziare o gestire piccole dispute[7].

7. Cina (circa 6 secoli prima di Cristo)

Il confucianesimo, tra l'altro, manifestava il disprezzo della litigiosità e l'auspicio per scelte che valorizzino consenso, cooperazione e condivisione.

8. Giappone (circa 6 secoli prima di Cristo)

Per un lungo periodo furono proibite le liti giudiziarie tra soggetti di diverso status richiedendo anche a soggetti di pari rango di esaurire tutte le possibilità di compromesso e conciliazione prima di ricorrere alla giustizia dei tribunali.

9. Roma

Nelle XII tavole, raccolta normativa della Roma repubblicana, è rinvenibile la previsione *"Se le parti non si mettono d'accordo, il giudice emani la sentenza".*

Più tardi apprendiamo dagli scritti di Livio dell'esistenza di INTERPRES, di Silio Italico dell'esistenza di SEQUESTER PACIS e di Cicerone dell'esistenza di DISCEPTATORES DOMESTICI, tutti svolgenti attività di mediazione.

Tali funzioni furono anche assegnate al DIFENSORE DI CITTÀ che sostituì il Tribuno della Plebe.

---

[7] Homo negotiatior – AMCI – Associazione Mediatori e Conciliatori Italiani.

10. Secoli del basso impero
I vescovi con l'udienza episcopale possono svolgere la funzione di conciliatori.

11. Antico diritto ebraico
A fianco della giustizia esercitata da autorità costituite prevedeva una procedura conciliativa con incontri diretti tra i litiganti.

12. Vangelo di Matteo – La collera e la pace
"Se uno è in lite con te e ti porta in tribunale, fa presto a metterti d'accordo con lui mentre tutti e due siete ancora per strada; perché lui può consegnarti al giudice, e il giudice può consegnarti alle guardie per farti mettere in prigione".

13. Antico diritto tribale degli zingari
Prevedeva per i capi anche funzioni di gestione delle controversie, in prima istanza.

14. L'istituto della compensazione
Ha lasciato traccia l'istituto della compensazione che rappresentava la mancata esecuzione della vendetta per mezzo della mediazione di un saggio o di una donna.

15. Legislatori del primo medioevo
È stata rilevata la preferenza di alcuni legislatori per "la riconciliazione fra nemici" in luogo di misure di diritto penale in senso stretto.

16. Comunità scandinave
Rilevate le presenze di assemblee locali o regionali di uomini liberi preposte anche a risolvere piccole e grandi dispute.

17. Le leggi imperiali di Carlo Magno
Nelle sue legge imperiali (742 - 814) era prevista la preliminare

soluzione negoziata che prevedeva l'intervento di amici, arbitri e/o pacieri e solo dopo la mancata riuscita dei medesimi poteva essere avviata la fase davanti al Tribunale.

18. Bonario componimento

Il bonario componimento emerse nei paesi di common law. Il giudici di pace prima ed i Conservatori o Commissari di Pace più tardi, furono chiamati a funzioni di conciliatori.

19. Repubbliche marinare

Sono stati reperiti due accordi di conciliazione tra Repubbliche marinare (Pisa e Genova) ed il mondo arabo.

20. In Italia nel periodo comunale

I giuramenti collettivi di pace e/o alleanza erano manifestazioni contenenti, tra l'altro, veri e propri giuramenti di massa che preludevano alla pace e/o alle alleanze tra città e/o comunità.

21. Francia

Negli anni successivi al 1300 si hanno notizie di operatori denominati "uditori del cancelletto" che operavano per cause di modico valore, senza strutture, in assenza di spese.

22. Sardegna

In diverse aree della Sardegna è stata rilevata la presenza di forme pacifiche di risoluzione delle dispute basate sul diritto consuetudinario.

23. Ordini religiosi

In testi di giuristi medievali e/o fonti statutarie di città e piccoli centri dei secoli dal XIII al XV hanno fatto emergere diverse modalità (la pace, la tregua, la cauzione di non offendere ecc.) e diverse figure attive in operazioni di pacificazioni delle parti (consilium sapientis, arbitri, appartenenti ad ordini religiosi (francescani, domenicani e gesuiti) o al ceto nobiliare.

24. Venezia

Venezia realizza la prima diplomazia moderna.

La prassi diplomatica per la Repubblica di Venezia diventava quindi:

- un impulso ai commerci;
- un modo per conoscere gli altri Stati e le loro dinamiche di potere;
- un'alternativa alla guerra;
- afferma una concezione delle relazioni internazionali integralmente politica rispetto alla concezione giuridica affermatasi nel medioevo.

Il Senato veneziano quindi procede a precisare la struttura organizzativa, fissa le modalità comportamentali con la periodicità dei rapporti e la previsione della loro parziale cifratura.

Le relazioni inviate dagli ambasciatori di Venezia nei vari Paesi sono ancora oggi insostituibili fonti di informazioni sulla storia, il costume ed il funzionamento dei Paesi medesimi.

Dispacci, resoconti e relazioni rappresentano modalità concrete ed efficaci al servizio delle relazioni personali e politiche, delle scelte da realizzare, del futuro da prefigurare.

25. Istituti attivati dal Papa

Il Papa in funzione di terzo neutrale attivò istituti quali:

a) La pace di Dio: che consentiva, in caso di conflitto, di risparmiare taluni luoghi, persone, animali e cose;

b) I patti di pace: leghe di feudatari e di borghigiani intese a mantenere la pace all'interno di un bacino territoriale;

c) La tregua di Dio: atto o patto teso a limitare nel tempo azioni belliche.

26. Diritto consuetudinario Albanese

Il diritto consuetudinario Albanese definisce come mediatore colui che si frappone fra le parti contendenti per assopire le ingiurie ed impedire i litigi[8].

---

[8] Donato Altobelli: Il Kanun: etica e tradizione politica in Albania.

27. Danimarca

Il Danish Act del 1683 promulgato da Re Cristiano V è stato la prima legge danese a prevedere il ricorso alla conciliazione nelle controversie civili da svolgersi in un ambiente neutrale rispetto alla Corte[9].

28. XVIII secolo

Nel XVIII secolo vi furono indicazioni di funzioni di conciliazioni svolte da giudici di Svezia, Danimarca, Paesi Bassi, Prussia, Austria, Francia e Malta nonché delle città di Ginevra e Norimberga.

29. Altri Paesi

Tra il 1812 e il 1816 anche Spagna e Svizzera, seppure con regole diverse giunsero a regolare l'attività conciliativa.

30. Nepal

È stata registrata la presenza di un risoluzione pacifica dei dissidi nella comunità degli Sherpa nel Nepal;

31. Italia

Il codice per lo Regno delle due Sicilie del 1819 prevede la conciliazione preventiva ed il codice degli stati sardi del 1854 prevede la conciliazione giudiziale.

Il codice di procedura civile italiano del 1865 prevedeva un titolo preliminare denominato "Della conciliazione e del Compromesso" e nella relazione di presentazione del Codice curata dal Ministro guardasigilli Giuseppe Vacca si affermava, tra l'altro, che tale strumento di soluzione delle controversie era tradizionalmente consolidato in molti ordinamenti preunitari, specialmente nel Sud dell'Italia.

---

[9] Manuale del conciliatore professionista - G. De Palo, L. D'Urso e Dwight Golann- Giuffrè.

32. Nelle Americhe

Tra il 1776 ed il 1824 l'istituto della conciliazione viene costituzionalizzato in venti stati che compongono gli Stati Uniti d'America (New Jersey, Delaware, Kentucky, Vermont,Pennysylvania, Maryland, Carolina sud, Carolina Nord, Georgia, Massachusetts, New Hampshire, Tenesse, Ohio, Indiana, Mississipi, Illinois, Maine, Alabama, Nuova York, Virginia) ed in tre Paesi del sud America (Perù, Cile e Brasile).[10]

33. In Europa ed in America

Tra il 1841 ed il 1842 l'obbligo del tentativo di conciliazione venne attribuito anche ai giudici di Messico, Ungheria e Portogallo.

Tra il 1846 e il 1851 altri Stati che compongono gli Stati Uniti d'America riconosco e regolano l'istituto della conciliazione (Wisconsin, California)[11].

34. Stati Uniti d'America

Il 26 giugno 1945 a San Francisco venne sottoscritto lo statuto delle Nazioni Unite che entrò in vigore con il deposito del ventinovesimo strumento di ratifica il 24 ottobre 1957.

Nel suddetto statuto il capitolo VI reca il titolo di "Soluzione pacifica delle controversie " e ben sei articoli sono dedicati al tema stesso.

35. Stati Uniti d'America

In seguito all'esplosione della litigiosità civile registrata intorno al 1970 fu convocata in Minnesota nel 1976 la "Roscoe Pound Conference on the causes of popular dissatisfaction with administration of Justice" in cui accademici, giuristi e legali si confrontarono sulle reali possibilità di riuscita dei metodi alternativi di soluzione delle controversie.

---

[10] Breve Storia della risoluzione del Conflitto - C.A. Calcagno.

[11] Breve Storia della risoluzione del Conflitto - C.A. Calcagno.

La conferenza prefigurò i lineamenti dei primi interventi legislativi necessari alla sperimentazione e all'introduzione delle A.D.R. che determinarono nel 1983 la modifica del codice federale di procedura civile, nel 1988 il "Judicial improvements and access to Justice act" per culminare nel 1998 con "Alternative dispute resolution act".

36. Sudan

Nel 1972 mediazione dell'African Council of Churches nella guerra civile.

37. Israele

Negli anni 1973 - 1976 mediazione di Henry Kissinger nel conflitto fra Israele e paesi confinanti.

38. Stati d'Uniti d'America

Nell'anno 1978 mediazione del Presidente degli Stati Uniti d'America J. Carter nel conflitto tra Israele - Egitto

39. Cina

È stata registrata l'antica tradizione giunta fino alla costituzione vigente dei Comitati di conciliazione popolare.

40. Iran - Iraq

Nell'anno 1987 mediazione di Perez de Cuellar nella guerra tra Iran ed Iraq.

41. Nicaragua

Negli anni 1988/1989 mediazione della Moravian Church, dei Mennoniti e di J. Carter nel conflitto tra sandinisti ed indios Miskito.

42. Israele

Nell'anno 1993 mediazione del Ministro degli Esteri norvegese J.J. Holst nello scontro tra Israele - Organizzazione per la liberazione della Palestina.

43. Europa
Tra gli anni 1998 e 2002 il Consiglio d'Europa emana quattro raccomandazioni dirette agli stati membri in materia di mediazione familiare, penale, nei litigi tra autorità amministrative e parti private ed in ambito civile.

44. Dimensione internazionale
L'assemblea generale delle nazioni Unite con propria risoluzione A/RES/57/18 del 19 novembre 2002 approva il modello di legge uniforme sulla conciliazione - mediazione nelle controversie commerciali internazionali.

45. Dimensione internazionale
Nel 2002 l'Unione Internazionale degli Avvocati che raggruppa 200 ordini, federazioni ed associazioni forensi di 110 paesi ha messo a punto la prima stesura delle norme di comportamento per i conciliatori, ispirandosi ai principi condivisi dei codici deontologici professionali.

46. Europa, Asia e Africa
Nel 2004 oltre 100 mediatori di 17 paesi diversi, prevalentemente europei ma anche asiatici ed africani, condividono le loro esperienze operative mettendo a punto un codice di autoregolamentazione delle attività del mediatore che chiamano "codice di condotta per i mediatori".

47. Stati Uniti d'America
I cittadini del Comune di Chelsea in seguito al commissariamento del loro Comune nel 2005 crearono ed approvarono un nuovo statuto creato dai medesimi facendo ricorso alla mediazione e l'intervento di facilitatori.
Nello statuto furono inseriti fra l'altro molti strumenti di partecipazione quali il referendum abrogativo, il referendum propositivo, il referendum revocatorio degli eletti, l'audizione pubblica

con la quale i cittadini possono convocare gli amministratori a un dibattito pubblico[12].

48. Europa

Dopo un lungo e articolato cammino passato anche attraverso un libro verde atto a facilitare la consultazione di tutte le componenti interessate e coinvolte l'Unione Europea emana la Direttiva 2008/52/CE riguardante determinati aspetti della mediazione civile e commerciale.

---

[12] Democrazia dei cittadini - Paolo Michelotto - Troll Libri.

CAPITOLO SECONDO
CONTESTI E STRUMENTI

Tentiamo di conoscere gli archetipi degli approcci extragiudiziali moderni che, affermatisi in parallelo all'esistenza di ordinamenti giuridici pre moderni, non possono non fare i conti con i principi generali dei medesimi.

Faccio riferimento a pratiche conciliative e compensatorie diffuse in molte parti dell'Europa, in particolare nel tardo medioevo post tridentino, in una stagione cioè in cui, soprattutto in Europa, più forte fu il nesso fra vita civile anche associata e la vita religiosa.

Prima di conoscerle singolarmente, credo sia però necessario introdurre una distinzione la cui validità è giunta integra fino ad oggi.

L'esistenza di almeno tre contesti di svolgimento dei conflitti:
- i conflitti in contesti micro;
- i conflitti in contesti mesa;
- i conflitti in contesti macro.

TIPOLOGIE	SOGGETTI COINVOLTI
MICRO	le singole persone.
MESA (di mezzo)	una pluralità di persone e/o soggetti diversi dalle persone.
MACRO	tra stati e/o stati e/o istituzioni sopranazionali ed internazionali.

IL CONTESTO "MICRO"

Nel contesto MICRO, a titolo esemplificativo ma non esaustivo, possiamo indicare i seguenti strumenti:

1. LA RINUNCIA (o remissione, consenso o perdono);
2. LA CONCORDIA;
3. LA PACE;
4. L'ARBITRATO;
5. I DUELLI;
6. LA TREGUA;
7. CAUTIO DE NON OFFEDENDO;
8. RUPTURA PACIS;
9. IL RICORSO A MEDIATORI O PACIERI;
10. L'INTERVENTO DI PACIFICATORI;
11. ISTITUTI DI PATTEGGIAMENTO;

Vediamo sommariamente le caratteristiche di ciascuno strumento.

LA RINUNCIA

Strumento residuale del processo accusatorio basato sull'iniziativa della parte lesa che decideva, solo per reati minori e all'inizio del procedimento, di rinunciare a proseguire nella sua iniziativa.

Tale decisione poteva dover essere trasmessa ad un notaio[13].

LA CONCORDIA

Modalità informale di rappacificazione normalmente suggellata da una stretta di mano che poteva essere registrata da un Notaio.

---

[13] Perdonare – idee, pratiche, rituali in Italia tra cinque e seicento – Ottavia Niccoli.

LA PACE

A seconda del luogo e del periodo storico l'istituto poteva assumere *due diversi significati*:

a) modalità informale di rappacificazione che consensualmente e spontaneamente due cittadini suggellavano con un toccamano, un abbraccio o un bacio. Nel caso in cui fosse finalizzata anche a chiudere un procedimento giudiziario non poteva essere solo orale ma esigeva la formalizzazione notarile in presenza di testimoni;

b) modalità di rappacificazione con significato più generale, rispetto alla rinuncia, non limitato ad una specifica vicenda giudiziaria, ma destinato a mettere fine ad un conflitto più generale fra individui o fra famiglie[14].

La sottoscrizione formale della pace fu, in taluni fasi, richiesta come allegato alla domanda di grazia.

L'ARBITRATO

Istituto, presente a Roma in un periodo tra il XIV e XV secolo, con cui giudici scelti dalle parti stabilivano un'articolata procedura rituale e teatralizzata tra offensore ed offeso.

L'offeso puniva simbolicamente l'offensore e poi le due parti procedevano a ritualizzare un gesto di rappacificazione rappresentato molto spesso da uno o più baci[15].

IL DUELLO

Istituto con originaria matrice germanico - barbarica che può essere di *tre tipi*:

a) il duello in ostentazione di forza e di valore;

b) il duello d'onore;

c) il duello giudiziario[16].

---

[14] Perdonare – idee, pratiche, rituali in Italia tra cinque e seicento – Ottavia Niccoli.

[15] Perdonare – idee, pratiche, rituali in Italia tra cinque e seicento – Ottavia Niccoli.

[16] Il sangue dell'onore Storia del duello – Marco Cavina.

I duelli in ostentazione di forza e valore avvenivano prevalentemente nei secoli IX, X ed XI nel contesto di tornei, con una o più giostre tra cavalieri, diffusi prevalentemente in Francia.

Avvenivano, senza vere e proprie regole, nelle pause delle guerre fra gruppi di cavalieri di eserciti nemici.

Rispondevano ad almeno tre ordini di motivi:

1. consentire pubblica ostentazione di forza e valore da parte dei partecipanti;

2. mantenere in allenamento i cavalieri;

3. trasmettere consuetudini o modelli di comportamento.

Il duello d'onore ebbe nei secoli XIV e XV il massimo splendore perché soprattutto tra nobili e militari veniva considerato espressione di un diritto naturale riconosciuto al rango che consentiva appunto di risolvere le controversie al riparo dall'intromissione del diritto statuale.

Nelle corti rinascimentali, in presenza di trattati e manuali sul medesimo, si consolidò la convinzione che la liceità del "singulare certamen" si fondava sulla differenza fra duello e vendetta.

Il duello giudiziario si afferma più tardi nel solco del duello d'onore.

Il duello giudiziario, a differenza del duello d'onore, è espressione di un contesto che riconosce il primato della giudiziarietà ed in fase di giuridicizzazione di regole di derivazione esterna al diritto tende a subordinare la dottrina alla prassi (il factum al ius).

La giuridicizzazione di prassi determinò la verifica sull'ammissibilità del ricorso al medesimo strumento (menzogne, ingiurie, mancanza di rispetto esplicita) nonché le modalità procedurali con cui doveva svolgersi.

I giuristi di una delle parti stendevano un cartello ove vi era una minuziosa indicazione dei modi, della procedura e dei termini, che sottoscritto da testimoni, era consegnato al giudice del duello ed all'altra parte.

La condanna tridentina prima, legislazioni più articolate e razionalizzanti dopo, ma soprattutto l'ostilità esplicita emersa durante la rivoluzione francese spazzò via l'istituto.

LA TREGUA

Accordo temporaneo di non belligeranza che consentiva, per mezzo di impegni formali e formalizzati delle parti, di interrompere sia lo svolgimento dell'attività repressiva penale che ogni forma di vendetta[17].

Nella metà del 500 in Toscana fu istituito il registro di paci e tregue (anche con indicazione di parti e mallevadori) da conservare presso l'Autorità Giudiziaria. Tale registro consentiva stabilità di vigilanza sulle medesime.

CAUTIO DE NON OFFENDENDO

Provvedimento provvisorio emesso dal giudice su richiesta di una parte tendente ed ottenere l'applicazione di una sanzione pecuniaria a carico di chi avesse tentato un aggressione[18].

RUPTURA PACIS

Nello Stato Pontificio a tutela e garanzia dell'effettività dell'istituzione della pace l'offesa che interrompeva la pace determinava una risposta giudiziaria che triplicava la sanzione prevista ed aggiungeva una pena pecuniaria[19].

RICORSO A MEDIATORI E PACIERI

Il ricorso a mediatori e/o pacieri emerge con nitide tracce in Stati della penisola Italiana, nella penisola Iberica e nel vicinato della città olandese di Leida e nel diritto consuetudinario Albanese.

---

17 Giustizia consuetudinaria e giustizia d'apparato nello stato pontificio: la ruptura pacis - Valerio Antichi in Stringere la pace.

[18] Giustizia consuetudinaria e giustizia d'apparato nello stato pontificio: la ruptura pacis - Valerio Antichi in Stringere la pace.

[19] Giustizia consuetudinaria e giustizia d'apparato nello stato pontificio: la ruptura pacis - Valerio Antichi in Stringere la pace.

I mediatori e/o pacieri, singole persone che godono della fiducia delle parti (anche solo vicini di casa autorevoli e anziani, possibilmente con abilità scrittorie), agivano prevalentemente nel contesto dell'istituto della *rinuncia* talvolta anche in presenza di altre figure quali i garanti dell'eventuale accordo ed i testimoni.

Il ricorso ai medesimi è certamente figlio di un'elevata insofferenza per la pratica giudiziaria pubblica ed un'elevata sensibilità e/o necessità alle comunità di vicinato, parentela, parrocchia.

Giungono testimonianze che, nella seconda metà del secolo XVII, nelle vicinanze della città olandese di Leida ci fossero consiglieri con il compito di ascoltare le querele e pacificare le parti.

L'INTERVENTO DI PACIFICATORI

Dopo il concilio di Trento il mutato ruolo del Parroco che assolve anche funzioni anagrafiche lo colloca in un naturale posizione di fiducia e terzietà.

Ecclesiastici, confraternite, congregazioni religiose, con storie, motivazioni e sensibilità anche diverse, percependo la pericolosità anche sociale delle discordie, svolgeranno un ruolo fondamentale nel dirimere controversie fra persone e famiglie.

Paciali e/o Priori saranno destinati ad un esame preventivo della lite o della lotta civile.

L'Assunteria delle paci (ufficio pubblico voluto dal Governo di Bologna del XVII secolo) svolse, per mezzo dei suoi membri, estratti a sorte semestralmente, continuativamente e sistematicamente un opera di pacificazione a favore della quiete della città e fra i nobili.

ISTITUTI DI PATTEGGIAMENTO

Istituti della prima età moderna la cui adozione da parte dei litiganti prevedevano la possibilità d'interruzione del processo.

IL CONTESTO "MESA"

Nel contesto MESA possiamo, a titolo esemplificativo ma non esaustivo, indicare i seguenti strumenti:
1. I PACIFICI;
2. IL FRIDT;
3. I GIURAMENTI COLLETTIVI DI PACE E/O ALLEANZA;
4. I PATTI FEDERALI;
5. LA PACE TERRITORIALE;
6. LE PACI PUBBLICHE;
7. LA PACE GENERALE.

Vediamo sommariamente anche in questo contesto le caratteristiche di ciascun strumento.

I PACIFICI
Istituzione diffusa prevalentemente nella Romagna della seconda metà del XVI secolo (Imola, Forlì, Faenza, Cesena, Ravenna) in un tempo di diffusi ed aspri conflitti tra fazioni.

I pacifici erano cittadini che si impegnavano, con un giuramento, ad operare per ristabilire la pace nella città, in taluni casi anche organizzando una guardia armata.

Tre parevano essere le loro funzioni:
1. vigilare sulla pace della città;
2. prevenire e controllare la formazione di fazioni;
3. ottenere riconciliazioni fra le parti in lotta (anche raccolte in appositi registri).

IL FRIDT
Istituto in vigore nel XVI secolo nei baliaggi della svizzera italiana finalizzato a consentire la pacificazione tra partecipanti ad una rissa.

Un contendente o un cittadino presente alla rissa poteva, con un grido e con un colpo del palmo della mano, ordinare la cessazione della rissa.

Il mancato rispetto del perentorio invito poteva essere severamente punito dalle Autorità[20].

I GIURAMENTI COLLETTIVI DI PACE E/O ALLEANZA
Istituti diffusi in Italia nel XII e XIII secolo.

Con il giuramento di tutti, molti o alcuni cittadini maschi di almeno due città le medesime si promettevano solennemente la non belligeranza e talvolta il mutuo soccorso, patti commerciali ed altri contenuti collaborativi.

È noto l'incontro avvenuto nel 1197 in un castello del Valdarno fra delegati di città toscane che concordarono un alleanza, da ratificare dai consoli e consiglieri delle città presenti, nota come la pace di San Genesio, nota anche per essere il primo tentativo di formare una forza militare comune.

Esperienze simili si registrano in altri paesi europei, per esempio in Francia, fra le città di Avignone e la città di Marsiglia.

I PATTI FEDERALI
Conclusi prima della metà del XV secolo furono di natura molto diversa.

Trattavasi comunque sempre di alleanze formalizzate, di durata non illimitata, che spaziavano dai semplici accordi di buon vicinato, ai patti di amicizia, ai concordati o convenzioni.

Le caratteristiche comuni erano:
1. il diritto di sollecitare l'aiuto degli alleati;
2. il dovere di prestare sostegno;
3. la composizione arbitrale delle vertenze fra alleati;
4. la difesa della pace di una certa zona.

---

[20] Perdonare – idee, pratiche, rituali in Italia tra cinque e seicento – Ottavia Niccoli.

LA PACE TERRITORIALE

Istituiti nella seconda metà dell'XI secolo fra Re, principi, cavalieri, leghe cittadine e leghe composte da ceti o corporazioni e finalizzati al contenimento la faida nobiliare e la vendetta di sangue e in più in generale per garantire la pace.

LA PACE PUBBLICA

Patti conclusi tra un autorità pubblica ed uno o più privati tesi a riportare la concordia fra fazioni in lotta, oligarchie o consorterie per il potere e l'egemonia sociale;

LA PACE GENERALE

La pace "generale", a differenza dell'istituto relativo ai singoli, che chiameremo "particolare", interessava un numero elevato di soggetti.

Normalmente tale istituto interveniva laddove erano coinvolte famiglie e/o parentele, prevedeva la figura di pacieri, e rappresentava uno strumento di controllo della conflittualità locale.

IL CONTESTO "MACRO"

Nei contesti MACRO possiamo osservare alcuni *meccanismi di regolazione*, ampiamente diffusi in tutta Europa trasposti poi nella sfera dei rapporti tra stati.

Potremmo intanto dividere gli istituti di tale contesto, a loro volta, in:

INTRASTATUALI O INTRAORGANIZZAZIONI INTERNAZIONALI O SOVRANAZIONALI

Al primo gruppo appartengono I COMITATI DI CONCILIAZIONE.

Trattasi normalmente di strumenti, stabilmente previsti anche in carte costituzionali, ma solo temporanei, concepiti cioè per essere attivati al verificarsi delle condizioni per cui sono stati concepiti. Più esattamente tali strumenti appartengono al patrimonio costituzionale europeo e sono previsti dall'articolo 251 del trattato dell'Unione Europea.

Tale articolo è molto chiaro nell'indicare gli obiettivi, la composizione e la procedura.

Il comitato di conciliazione, che riunisce i membri del Consiglio o i loro rappresentanti ed altrettanti rappresentanti del Parlamento europeo, ha il compito di giungere ad un accordo su un progetto comune a maggioranza qualificata del membri del Consiglio o dei loro rappresentanti e a maggioranza dei rappresentanti del Parlamento europeo. La Commissione partecipa ai lavori del comitato di conciliazione e prende tutte le iniziative necessarie per favorire un ravvicinamento fra le posizioni del Parlamento europeo e del Consiglio. Nell'adempiere tale compito il comitato di conciliazione si richiama alla posizione comune in base agli emendamenti proposti dal Parlamento europeo.

Se, entro un termine dei sei settimane dopo la sua convocazione, il comitato di conciliazione approva un progetto comune, il Parlamento europeo e il Consiglio dispongono di un termine di dei settimane a decorrere dall'approvazione per adottare l'atto in questione in base al progetto comune, a maggioranza assoluta dei voti espressi per quanto concerne il Parlamento europeo e a maggioranza qualificata per quanto concerne il Consiglio. In mancanza di approvazione da parte di una delle due istituzioni entro tale termine, l'atto in questione si considera non adottato.

Se il comitato di conciliazione non approva un progetto comune, l'atto proposto si considera non adottato.

TRA STATI

Affrontare il tema della gestione pacifica dei conflitti in un contesto internazionale ci conduce ad incontrare Ugo Grozio, giurista olandese che tra i primi sistematizzò il contesto internazionale e prefigurò regole anche giuridiche adatte al medesimo.

Secondo Ugo Grozio la società internazionale è una comunità che si compone di Stati, governanti, uomini, nazioni, regole comuni nonché di un patto scritto che stabilizza le suddette regole comuni.

La guerra, secondo Grozio, è un male inevitabile che può essere utilizzato al servizio di un fine giusto: la protezione di diritti e la punizione di violazioni.

Ma l'inevitabilità della guerra non deve impedire di valutare sistemi per chiudere pacificamente le dispute tra contendenti.

Ugo Grozio indicò tre strumenti:

1. CONFERENZE E NEGOZIAZIONI tra i contendenti, teorizzando la dimensione internazionale dei trattati e della pacificazioni attraverso ambasciatori e plenipotenziari;

2. IL COMPROMESSO in cui ogni parte della contesa rinuncia a richieste o proposte e/o accetta offerte ridotte;

3. IL COMBATTIMENTO SINGOLO E/O LA SCELTA CASUALE, come modalità in cui le parti decidono, di comune accordo, un criterio di scelta oggettivo.

Altri strumenti nati anticamente e ancora aggi patrimonio di negoziatori, facilitatori e mediatori sono:

NEGOZIAZIONE

Modalità corrente e comunque iniziale del dialogo anche tra Stati e/o organizzazioni che normalmente si realizza con una serie di incontri diretti tesi alla conoscenza delle questioni e delle variabili, di successive approssimazioni nonché di negoziato vero e proprio.

PROCEDURA DEI BUONI UFFICI
Una procedura diffusa in cui uno Stato terzo funge da mediatore in una controversia tra due o più Stati assicurando anche l'organizzazione e talvolta anche la gestione dell'incontro o della serie di incontri.

MEDIAZIONE E CONCILIAZIONE
La procedura di mediazione, più adatta per la controversia che riguarda solo due Stati, fa riferimento alla tecniche della facilitazione prima e alla mediazione poi, e il mediatore può essere un gruppo di giuristi esperti, uno stato terzo o un organo di conciliazione convocato ad hoc.

I negoziati possono avvalersi di facilitatori che sostengono, agevolano e promuovono il dialogo senza volutamente entrare nel merito dei temi oggetto della controversia.

Il facilitatore può coadiuvare i contendenti al fine di reperire un luogo terzo gradito ad entrambi, avviare anche il dialogo e facilitarlo, facilitare la fase di negoziato preparatorio anche prefigurando gli scenari negoziali.

Il mediatore, anche in forma di gruppo, aiuta attivamente le parti a ricercare con il negoziato la ricerca di un intesa, comunica alle parti le reciproche proposte che può comunicare e, se sollecitato, può prefigurare opzioni per la soluzione della controversia.

DEFERIMENTO ALLA COMMISSIONE DI CONCILIAZIONE
Modalità di risoluzione delle controversie tra Stati prevista dalle Nazioni Unite, dall'O.C.S.E. e dalla Convenzione di Vienna del 1969.

Nel caso delle Nazioni Unite, su richiesta d'attivazione ogni stato coinvolto può indicare almeno due conciliatori in parte scelti ed in parte non scelti in un elenco gestito e conservato dall'Organizzazione delle Nazioni Unite. I conciliatori sceglieranno tra loro un quinto conciliatore che sarà il Presidente della Commissione di conciliazione.

La commissione determina essa stessa la propria procedura ed ascoltando le parti, esaminando le loro richieste, proponendo ipotesi di soluzione le aiuta a giungere ad una composizione amichevole della controversia.

ARBITRATO

In tal caso gli Stati in controversia decidono di affidare la decisione della controversia a personalità prescelte dagli Stati in lite o di generale e condivisa conoscenza e stima.

La decisione dell'organo arbitrale è normalmente vincolante.

TRATTATI INTERNAZIONALI

Sono una delle fonti del diritto internazionale e consistono nell'accordo tra due o più stati o soggetti del diritto internazionale capace, per i sottoscrittori, di essere fonte di obbligazioni nonché di riconoscere anche diritti soggettivi.

Sono regolati dal diritto dei trattati, ampiamente rispettoso dello specifico diritto consuetudinario, la cui la fonte principale è rappresentata dalla Convenzione di Vienna del 1969 in vigore dal 1980.

Il trattato internazionale, per divenire un testo condiviso modificabile solo da tutti i firmatari ha necessità della firma, per divenire vincolante nei singoli ordinamenti nazionali dei Paesi firmatari, ha necessità di un passaggio di ratifica da parte dei singoli Parlamenti.

ACCORDI IN FORMA SEMPLIFICATA

Trattasi di accordi la cui fonte di legittimazione è il diritto dei trattati ma la cui forma semplificata e quindi più rapida di formazione li può rendere interessanti per prevenire controversie tra Stati.

Trattasi di accordi plurilaterali, non anche quindi note diplomatiche o strumenti simili, che hanno almeno due precise caratteristiche:

1. il contenuto del testo od il comportamento concludente dei sottoscrittori ha messo esplicitamente in evidenza la volontà di attribuire alla firma il valore di piena e definitiva manifestazione di volontà;

2. la loro entrata in vigore avviene solo dopo che sono stati firmati dai negoziatori (se plenipotenziari) o dai soli plenipotenziari, senza necessità di ratifica.

CAPITOLO TERZO
RISULTATI DEL NEGOZIARE

Tentiamo ora di attraversare, attraverso un analisi sistematica degli accordi, dei trattati e delle paci, l'evoluzione, attraverso i secoli, delle ragioni, delle modalità e dei risultati del dialogo, in un contesto macro, con particolare attenzione a quanto in quei negoziati è stato finalizzato a mantenere, stabilire o ristabilire il supremo bene della pace.

Moltissimi accordi e trattati che incontreremo hanno rappresentato la necessaria conclusione di estenuanti, cruenti e duraturi conflitti, anche militari, endemicamente diffusi da alleanze naturali, alleanze d'interessi o lotte tra fazioni.

Quel che però è certo è che quei risultati del negoziare posero le premesse dello sviluppo di uno o più paesi o ancor meglio il raggiungimento di equilibri o nuovi equilibri, anche duraturi, in aree anche molto estese del pianeta.

a. Guerra e pace

Per affrontare questo cammino e per comprendere ancora meglio le dinamiche del negoziare dopo, durante o sotto la minaccia di un intervento militare, dobbiamo prioritariamente provare a conoscere, senza infingimenti, il concetto "di guerra" e "di pace" leggendo, in ordine cronologico, alcuni di coloro che ne hanno approfondito e sistematizzato lo studio.

Possiamo intanto dire che dall'analisi di un gran numero di guerre si possa affermare che le cause dei conflitti, in un contesto macro, possano essere riconducibili a cinque:

1. economiche;
2. ideologiche;
3. politiche (ricomprendendo quelle per la presa od il mantenimento del potere);
4. giuridiche;
5. psicologiche.

Per approfondire il tema facciamoci aiutare da strateghi, militari, filosofi, pensatori che si sono occupati di guerra e di pace aiutandoci a comprendere le logiche della guerra ma anche le possibilità reali della pace.

Cominciamo da **Sun Wu** (722 – 841 a.c.) noto come SUN – TZU, stratega e capo militare della Cina del periodo "primavere e autunni" che ci ha lasciato un opera considerata dagli studiosi immortale dal titolo *L'ARTE DELLA GUERRA*.

Sun Tzu cerca di ricondurre tutta l'attività bellica in regole intese come strategie da mettere in atto al verificarsi di eventi o per produrre determinati effetti. Per fare questo infatti classifica le nove occasioni di cambio di strategia, classifica i nove tipi di terreno in cui possono svolgersi le operazioni. Dedica una parte specifica all'uso degli agenti segreti.

Sun Tzu, interprete del suo tempo, definisce la guerra come l'attività più importante per lo Stato e individua cinque elementi fondamentali: le modalità ottimali, le condizioni atmosferiche, il terreno, il comandante e la tattica in senso stretto.

Sun Tzu, rappresentando già una cultura pragmatica e cinica ma capace di fare i conti con l'individuo ha la percezione della gravità dello strumento guerra "campo della vita e della morte, strada alla distruzione o alla sopravvivenza" così come quando definisce governante accorto quello che ricorre alla guerra solo come extrema ratio o il buon condottiero quello che " non dà nemmeno battaglia e sottomette le truppe dell'avversario".

Sun Tzu pone al centro dell'azione le capacità del comandante infatti scrive " Chi comanda un esercito senza conoscere l'arte del continuo adattamento, anche vedendo il vantaggio non saprà come utilizzare gli uomini" e respirando il principio taoista "dell'azione senz'azione" afferma che la strategia migliore è quella che affatica il nemico, gli sottrae riserve e viveri, fa fallire i suoi piani, lo costringe all'immobilità, cambia la tattica a seconda delle situazioni che fanno innervosire il condottiero avversario.

Non meno importante è la pacata e ragionata riflessione di **Erasmo da Rotterdam** (1466 - 1536)

che afferma "un buon principe non entrerà in guerra se non quando, dopo aver tentato di tutto, vedrà che non può proprio evitarla con nessun altro mezzo".

Erasmo da Rotterdam non temette di indicare alcune strade concrete, talvolta velleitarie, tese ad evitare e prevenire i conflitti:

1. disarmare gli antagonismi nazionali con un richiamo alla solidarietà;

2. dare un assetto stabile ai confini degli stati dell'Europa, facilitando la fissazione di confini definitivi;

3. fissare regole uniformi di successione, al fine di evitare competizioni troppo accese tra una pluralità di candidati;

4. togliere ai principi la possibilità di dichiarare unilateralmente guerra ad un altro Paese;

5. organizzare arbitrati fra le nazioni e/o i re;

6. arruolare alla pace tutte le forze civili, morali e spirituali possibili e disponibili.

Non possiamo non ricordare Juig Van Groot (latinizzato in Hugo Grotius) noto come **Ugo Grozio** (1583 – 1645), giurista, filosofo e scrittore olandese che iniziò il suo argomentare partendo da lontano.

Egli affermò che la natura è la vera ragione dell'uomo e ciò che è naturale è anche razionale.

Il diritto naturale è comune a tutti i popoli in quanto fondato su ciò che è condiviso dagli uomini: la natura umana. È la natura umana che spinge gli uomini a stare insieme e ad osservare poche regole essenziali: il rispetto della vita propria ed altrui, la restituzione dei debiti, il rispetto dei patti, il risarcimento dei danni. Dall'alveo del diritto naturale discende il diritto civile ed il diritto delle genti.

Il diritto delle genti, non scritto e non codificato, è valido sia in tempo di pace che in tempo di guerra anche regolando, per esempio, quando la guerra possa essere considerata giusta, in quanto realizzata a difesa del diritto.

Quali possono essere le fonti di tale diritto non scritto? Le fonti di tale diritto sono le consuetudini ed i principi generali a cui gli Stati si sono ispirati per regolare i loro rapporti, primi fra tutti i trattati internazionali.

Ecco perché dopo Grozio si poterono reperire raccolte di trattati tra i quali:

1. il Codex juris gentium diplomaticus;
2. il Recueil des traitéz;
3. il Corps universel diplomatique du droit des gens.

Pochi decenni dopo **Christian Wolff** (1679 - 1754), grande filosofo tedesco, afferma che nello «stato naturale» l'amichevole composizione, la transazione, la mediazione e l'arbitrato sono gli strumenti per comporre le controversie.

In relazione alla figura del mediatore si spinge molto oltre definendo con grande precisione e lungimiranza le sue caratteristiche.

Si legge infatti, tra l'altro, che:

- il mediatore è colui che presta la sua opera nella composizione di una controversia tra altri, quando nella composizione il diritto si è arenato; ma l'atto con la cui composizione si perfeziona tramite un terzo o di cui si tenta la composizione tramite un terzo si definisce mediazione;

- anche quando le parti hanno prestato nei confronti del mediatore un consenso certo e si sono obbligate reciprocamente ad utilizzarlo, cio non impedisce loro di ripensarci quando lo ritengano opportuno;

- qualora le parti richiedano la prestazione del mediatore alla condizione che componga la lite, egli è tenuto ad effettuare suggerimenti in tal senso;

- il mediatore:

a) non dovrebbe tralasciare alcun elemento di rilievo quando compone una controversia;

b) deve pesare le argomentazioni di entrambe le parti;

c) deve prestare attenzione a tutto e non astrarsi dalla discussione;

d) deve considerare con attenzione ciò che richiede la prudenza nella composizione della controversia;

e) deve stare lontano dall'affezionarsi ad un parte;

f) si può ritirare se riconosce i suoi sforzi sterili e inutili;

- le parti invece:

a) possono revocare il mediatore in qualsiasi momento dell'incontro lo ritengano opportuno;

b) possono escludere il mediatore da qualche riunione, se lo ritengono opportuno, senza danno, e senza che per questo venga meno la mediazione;

c) non possono opporsi alla presenza del mediatore se hanno espressamente convenuto che il mediatore partecipi alla riunione[21].

Nello stesso secolo il grande filosofo tedesco **Immanuel Kant** (1724 – 1804) si cimentò con il tema della pace immaginando, razionalmente, di cercare regole giuridiche finalizzate ad assicurare una pace imperitura. Lo fece attraverso il suo volume dal titolo PER LA PACE PERPETUA.

Nell'opera politica "Per la pace perpetua" il filosofo costruì un progetto che prevedeva sei articoli preliminari, che considerò pre condizioni per il raggiungimento della pace, e tre articoli definitivi, che considerò essenziali per il mantenimento della pace perpetua fra stati.

---

[21] Breve Storia della risoluzione del conflitto - C.A Calcagno.

Gli articoli preliminari indicarono:

1. Nessuna conclusione di pace deve valere come tale se è stata fatta con la riserva segreta di una guerra futura;

2. Nessuno stato indipendente deve poter essere acquistato da un altro per eredità, permuta, compravendita o donazione;

3. Gli eserciti permanenti devono progressivamente cessare di esistere;

4. Non si devono fare debiti pubblici per conflitti esterni dello Stato;

5. Nessun Stato deve interferire con la forza nella costituzione e nel governo di un altro Stato;

6. Nessun Stato in guerra con un altro deve ricorrere ad ostilità di tale gravità (sicari avvelenatori, istigatori al tradimento) da rendere impossibile la fiducia reciproca nella pace futura;

gli articoli atti al mantenimento perpetuo della pace, secondo Kant, avrebbero dovuto intervenire a tre livelli di fonti giuridiche gerarchicamente collocate come segue:

a) il diritto cosmopolitico deve regolare solamente le condizioni dell'ospitalità universale;

b) il diritto internazionale deve essere fondato su un federalismo di stati;

c) il diritto interno del singolo stato deve essere costruito intorno ad una costituzione repubblicana.

Un figlio dello stesso secolo **Carl Von Clausewitz** (1780 - 1831) capo di stato maggiore dell'esercito prussiano mise mano ad un saggio dal titolo *DELLA GUERRA*, un classico della guerra moderna definito, non a torto, il risultato più maturo dell'esperienza napoleonica e probabilmente uno dei più importanti contributi alla comprensione della guerra e delle sue dinamiche.

Carl Von Clausewitz affronta con grande chiarezza e capacità di contestualizzazione nel suo tempo e nella dimensione internazionale il tema della guerra con approccio scientifico, pur essendo consapevole dell'incertezza di tutti i dati e del grande numero delle variabili in gioco che rendono il suo esito finale davvero poco prevedibile.

Egli definisce la guerra, che può essere di attacco o di difesa, una delle possibili relazioni fra gli stati ma anche un atto di violenza per costringere l'avversario a eseguire la nostra volontà.

Egli inquadra giustamente la guerra come confronto fra volontà che deve però fare i conti anche con la natura umana capace di generare coraggio, audacia e temerarietà.

Distingue la logica interna, fondata sulla violenza mirata alla vittoria, meglio ancora se rapida e netta, per questo il fattore tempo è determinante, dalla sua funzione sociale, di competizione collettiva tra caratteri dei popoli, disponibilità economiche, scopi politici.

La guerra non è fatto isolato che esplode improvvisamente e non è mai qualcosa di assoluto.

Carl Von Clausewitz afferma poi " quanto più grandi e forti sono i motivi della guerra, quanto più essi coinvolgono l'intera esistenza dei popoli, quanto più violenta è la tensione che precede la guerra, tanto più la guerra si avvicina alla sua forma astratta, tanto più si tratta di abbattere il nemico, tanto più vengono a coincidere l'obiettivo militare e lo scopo politico, tanto più puramente guerriera e meno politica sembra essere la guerra" e prosegue ancora "la guerra non è semplicemente un atto politico, è un vero strumento politico, una continuazione dell'interscambio politico. L'intenzione politica infatti è lo scopo, la guerra è il mezzo e mai il mezzo può essere pensato senza scopo.

Carl Von Clausewitz non si è mai illuso sul vero volto della guerra infatti afferma che "La guerra è il dominio delle fatiche e delle sofferenze fisiche".

Nella seconda metà del 1800 nacque in India **Mohandas Karamchard detto Gandhi**.

Studiò nelle Università di Ahmrdabad e di Londra e si laureò in giurisprudenza, esercitò l'avvocatura a Bombay. Una lunga permanenza in Sudafrica, per ragioni professionali, lo mise a contatto con migliaia di immigrati indiani vittime della segregazione razziale.

Nel 1915 tornò in India e diventò leader del partito del congresso: partito che si batteva per la liberazione dal colonialismo inglese.

Gandhi fu un convinto sostenitore del disarmo e non volle mai considerare percorribili le ipotesi di risoluzioni belliche di conflitti tra stati o interni agli stati.

Per Gandhi i mezzi della persuasione sono soltanto due: la discussione e la lotta non violenta.

Proprio quest'ultima fu da lui ribattezzata "satyagraha" fondendo due termini sanscriti: verità (Satya) e fermezza (agraha).

Secondo Gandhi il seguace del Satyagraha aderisce, con umiltà, ad undici principi: non violenza, verità, castità, rinuncia ai beni materiali, lavoro manuale, moderazione nel cibo e nelle bevande, coraggio, rispetto per tutte le religioni, utilizzo di beni fatti a mano, non rubare, superamento dell'intoccabilità.

Gandhi ha teorizzato ed anche sperimentato varie tipologie di tecniche di lotta non violenta:
- il boicottaggio non violento;
- il picchettaggio non violento;
- lo sciopero non violento;
- le marce;
- gli scioperi della sete e della fame.

Anche ispirandosi al saggio di Henry David Thoreau dal titolo "DISOBBEDIENZA CIVILE" indicò come strumento la disobbedienza civile: a suo dire diritto inalienabile di ogni cittadino.

Mauro Cappelletti (1927 - 2004) insigne giurista italiano, fu professore alla Stanford University law school e Preside della Facoltà di Giurisprudenza presso l'Istituto Universitario Europeo di Firenze, manifestò nei propri discorsi e scritti una sensibilità alla funzione anche sociale del diritto. In particolare argomentò come l'accesso alla giustizia fosse il nucleo centrale e quindi riflettesse la finalità primaria dello stato sociale di diritto. A tal proposito argomentò come l'effettività del diritto alla difesa integrata dall'adozione di metodi di risoluzione extragiudiziale delle controversie avrebbe reso possibile l'abbattimento di barriere economiche, psicologiche, geografiche, etniche che si frappongono fra cittadini, specie se meno abbienti, ed una maggiore possibilità di tutelare i loro diritti.

Il pieno accesso alla giustizia, secondo Mauro Cappelletti, sarebbe dovuto passare attraverso:

1. l'eliminazione delle eventuali regole processuali suscettibili di dar luogo a discriminazioni;

2. l'inserimento nell'ordinamento di strumenti di tutela degli interessi diffusi (*azioni risarcitorie collettive*),

3. la semplificazione del processo civile con l'istituzione di organi e procedure giudiziarie per la gestione di controversie di modesta entità (*small claims*);

4. l'esigenza di modalità di composizione dei conflitti alternative rispetto al giudizio ordinario.

Alcuni anni orsono **Barbara W. Tuchman** storica e giornalista americana scrisse un saggio destinato a diventare un classico della riflessione letteraria sul tema della guerra dal titolo *LA MARCIA DELLA FOLLIA – Dalla guerra di Troia al Vietnam*.

Nel suddetto saggio l'autrice afferma che nella storia non è esistita praticamente attività in cui l'umanità abbia raggiunto risultati così infelici come nell'arte del governo.

"Mentre tutte le altre scienze sono progredite", affermava il secondo Presidente degli Stati Uniti, John Adams "quella del Governo è ferma, e la si esercita oggi poco meglio di tre o quattromila anni or sono".

L'autrice, a dimostrazione di quanto sostenuto nel saggio, attribuisce questa immobilità al malgoverno.

Prosegue poi affermando che il malgoverno è di quattro tipi,

spesso combinati fra loro, che sono:
1. la tirannia od oppressione;
2. un eccessiva ambizione;
3. l'incompetenza o la decadenza;
4. la follia o la perversità.

Il saggio di B.W. Tuchman, per sua esplicita ammissione, prende in esame quest'ultimo tipo di malgoverno in una sua specifica manifestazione: l'abitudine di perseguire una politica contraria agli interessi del gruppo che rappresentano o dello Stato.

La follia è indipendente dall'era, dalla località, dai costumi e le credenze di un epoca, dal Paese ed anche dal tipo di regime: monarchia, oligarchia e democrazia.

L'immobilismo o stagnazione mentale è un fertile terreno per la follia ma gli incentivi alla stessa, secondo l'autrice, sono la cupidigia del potere e l'eccesso di potere. Ma ciò che davvero colpisce di più, continua l'autrice, è la persistenza nell'errore anche se è intuitivo che, per un governo, riconoscere l'errore, chiudere con le perdite o mutare rotta è la più ripugnante delle opzioni.

Spostiamo l'analisi sul fronte giuridico.

Cominciamo con il domandarci quando si applica il diritto di guerra. Le norme del diritto di guerra si dovrebbero applicare soltanto in presenza di scontri armati. La guerra, dal punto di vista giuridico, è un evento giuridico che si compone di due parti: lo *ius ad bellum* relativo alla sua legittimità e lo *ius in bello* relativo alla sua condotta.

Queste dimensioni sono considerate essenziali nel dibattito relativo all'analisi qualitativa del fenomeno guerra.

Il professor **Michael Walzer** con il suo saggio *Guerre giuste e guerre ingiuste* ha consentito di affrontare con lucidità un dibattito che affonda le proprie radici nei classici della filosofia morale e politica.

In relazione alle riflessioni sulla eventualità che la guerra possa essere considerata giusta M. Walzer pare intanto indicare le pre condizioni che giustificherebbero il ricorso allo strumento della guerra: l'aggressione, la dominazione e o la tirannia, in quanto non esiste nessun altro modo di opporvisi e non sono sopportabili neppure per un breve periodo. Infatti il desiderio di autodeterminazione di un popolo di essere libero dal controllo straniero è un desiderio che l'uomo coltiva legittimamente da tempo immemorabile. Naturalmente il ricorso allo strumento della guerra deve essere utilizzata come "risorsa estrema" e questa condizione si considera realizzata solo e soltanto dopo che tutte le alternative ragionevoli alla forza, che abbiano qualche prospettiva concreta di successo, siano state infruttuosamente esperite.

Affrontare il tema della guerra con un approccio universalistico non è realistico in quanto l'universo, la terra e il mondo non sono comunità in senso proprio.

Le comunità sono necessariamente particolari, sono creazioni storiche che avvengono nel tempo e che generano una fedeltà che è intimamente connessa con la loro particolarità e longevità. Esse non sono comunità istantanee, sono esistite per lunghi periodi di tempo, sono state per così dire, tramandate di padre in figlio. Solo all'interno di comunità di questo tipo, che, come tali, possono essere in differenti generi, i singoli cittadini acquisiscono la loro identità politica e vengono a sviluppare un senso di fedeltà.

La riflessione di M. Walzer continua cercando risposte nella storia.

Le guerre religiose ebbero fine con la dottrina della tolleranza, che non aboliva le differenze di fede, ma si limitava a stabilire dei confini, a fornire spazi entro i quali le comunità dei credenti potessero praticare la loro religione, produrre le loro istituzioni senza paura. Oggi, è necessario cercare l'equivalente della tolleranza religiosa.

Tali spazi potrebbero essere le regioni autonome, il pluralismo culturale, i confini sicuri per gruppi nazionali, religiosi, etnici. L'unica forma equivalente alla tolleranza è la definizione di confini, buoni confini fanno buon vicinato. La via verso la pace, conclude M. Valzer, è dunque quella che passa per la definizione di confini che rispondano alle esigenze di autodeterminazione.

b. Una visione d'insieme

Tornando all'intendimento principale di questa parte del testo vorrei evidenziare qualche numero relativo all'insieme dei trattati oggetto di osservazione.

Possiamo intanto affermare che i trattati, noti e classificati come tali nell'arco di oltre 2000 anni, sono non meno di 850 (il dato è molto probabilmente sottostimato in quanto accordi di minore importanza, di portata limitata e/o di minore ritualizzazione e formalizzazione potrebbero non essere stati registrati dagli storici) ed il dato tendenziale che emerge nettamente dalla loro numerazione e ripartizione in secoli evidenzia un'ineguale ma costante crescita con il passare dei secoli.

Sul fronte qualitativo sei di essi possono essere considerati al servizio di altri, strutturalmente destinati a regolare molti e/o tutti gli altri.

Faccio riferimento in particolare alla Convenzione di Vienna sui rapporti diplomatici (1961), alla Convenzione di Vienna sui rapporti consolari (1963) e alla Convenzione di Vienna sulla legge dei trattati (1969). Altrettanto strutturali sono le tre Convenzioni di Ginevra per attenuare e tentare di regolare gli effetti delle guerre attraverso l'individuazione e la codificazione di regole per il trattamento degli incidenti del campo di battaglia (1864), del trattamento dei feriti, ammalati e naufraghi (1906) e per il trattamento dei prigionieri di guerra (1929).

La loro crescente propensione è a coinvolgere e a riguardare una pluralità di soggetti infatti oltre 160 nascono dichiaratamente multilaterali e, almeno 50 di essi, sono esplicitamente finalizzati alla pacificazione o alla pace vera e propria.

c. Il metodo adottato

Il metodo a cui mi sono attenuto per attraversare i risultati del negoziare si è fondato su una attenta ricerca di dati relativi alle varie trattative con particolare attenzione a quelle che esplicitamente ci vengono indicate dai materiali degli storici come destinate a pacificare o a costruire vere e proprie paci.

In seguito ha proceduto ad individuare dei criteri che consentissero di affrontare la loro analisi attraverso due tipologie di categorizzazioni significative:

a) le loro caratteristiche ed i loro risultati;

b) l'individuazione di caratteristiche quali: la presenza di mediatori, lo scambio di garanzie e compensazioni nonché le eventuali curiosità emerse.

I vari capitoli cercano quindi di tratteggiare gli elementi essenziali degli accordi, delle pacificazioni o dei trattati veri e propri cercando di non perdere mai di vista la visione d'insieme ma soprattutto rendendo la loro analisi non tecnicistica e non politica.

L'obiettivo è quello di capire il senso dei negoziati ed il lavoro dei negoziatori senza rinunciare a riflessioni sui trattati che hanno cambiato il corso della storia, sui conflitti determinati dai contrasti fra religioni, sui negoziati che determinarono meri scambi talvolta altrettanto interessanti.

Non ho trascurato di capire il ruolo dei mediatori, quando è stata individuata la loro presenza, le dinamiche dei contesti più complessi e le curiosità emerse dalle attività negoziali.

d. La vocazione multiparti dei trattati

Dall'analisi dei dati relativi agli accordi ed ai trattati oggetto di osservazione risulta evidente la diffusa presenza di patti e/o accordi coinvolgenti, seppure con pesi e ruoli anche diversi, una pluralità di soggetti.

Vedremo più avanti nell'approfondimento dei materiali relativi alle parti ed ai contenuti relativi ai singoli patti la vocazione multiparti dei medesimi.

Gli accordi infatti consentono di raggiungere un risultato di contesto e di equilibrio o di equilibri che facilitano le disponibilità negoziali di una pluralità di parti.

Le casistiche sono davvero varie e potremo cogliere che le ricadute territoriali, gli effetti indiretti e collaterali di conflitti apparentemente circoscritti in pochi paesi o aree si uniscono alle attività negoziali ben più importanti che hanno riscritto gli assetti e/o gli equilibri di intere parti di continenti.

I contesti pluriparti normalmente articolati e complessi ci consegnano lunghe e difficili negoziazioni dove poteva accadere che un paese potesse essere rappresentato, anche se non in forma ufficiale, da più di una delegazione molto spesso finalizzata al perseguimento di finalità anche diverse.

e. Patti e accordi che sono stati meri scambi

Tentando una esposizione per quanto possibile cronologica possiamo cominciare con una serie di trattati collocabili certamente prima di Cristo.

Con la pace di Nicia, dal nome di uno dei firmatari, acerrimi nemici quali Atene e Sparta pattuirono, al termine della guerra archidamica, una pace stabile di durata non inferiore ai 50 anni.

Non meno importante fu la pace di Antalcida, dal nome del negoziatore spartano che si adoperò per il raggiungimento della stessa, che stabilì una pace in un contesto multiparti, fra Corinto e le città stato greche (Argo, Tebe, Sparta Atene ecc).

La pace di Fenice, dal nome della città dove fu sottoscritta, pose fine alle guerre fra la Macedonia e lega etolica guidata da Roma, i macedoni riguadagnarono di fatto le posizioni precedenti acquistando nuovi territori in passato spettanti all'Illiria.

La pax Nicephori, più comunemente conosciuta come la Pace

di Aquisgrana, rappresentò un concreto tentativo di dialogo tra poteri che andavano affermandosi seppure in territori diversi.

L'impero bizantino e quello carolingio stavano infatti espandendosi e Carlo Magno pensò da subito di affrontare in via negoziale la convivenza fra autorità. Ma mancava un presupposto fondamentale: il riconoscimento delle parti. Poi, successivamente, l'imperatore bizantino fu catturato e decapitato dai bulgari ed una serie ravvicinata di successioni consenti di riaprire le trattative. Questa pace, firmata nel 812 d.c., i due imperatori si riconosceranno anche il ruolo e l'autorità spingendosi fino a determinare diritti reciproci ed aree d'influenza.

Altrettanto rilevante è il trattato che nel maggio del 1091 stabilisce la pace fra turchi e bizantini.

I bizantini, riconoscendo le conquiste turche e accettando di concedere quale garanzie di pace il porto di Cherson, escono ridimensionati e colgono l'occasione per trasformare la capitale ad Atene.

Particolari tipi di patti ed alleanze che esprimono la frammentazione ed il "particolare" della penisola italica sono i giuramenti collettivi di pace o di fedeltà diffusisi nel periodo comunale.

Con *i giuramenti collettivi di* pace che potevano essere espressi:
- dall'Arengo (assemblea dei capifamiglia e/o comunque di tutti i cittadini);
- da un campione di cittadini;
- da uno o più rappresentanti della comunità medesima;
una comunità cittadina assicurava ad una altra comunità cittadina la non belligeranza, ed in tempi successivi, anche modalità collaborative principalmente di natura militare, commerciale o mercantile.

Con *il giuramento collettivo di fedeltà* una comunità cittadina ampliava la propria sfera d'influenza con un reciproco patto di non belligeranza, di collaborazione e di fedeltà a fronte di necessità di difesa, offesa o di sviluppo di attività commerciali e mercantili.

Estremamente interessanti furono le modalità con cui tali patti cittadini potevano essere concretamente perfezionati. Potevano infatti essere giuramenti collettivi effettuati da:
- tutta la popolazione del Comune;
- un numero rappresentativo di cittadini raccolti in liste;
- un numero rappresentativo di cittadini autorevoli;
- autorità cittadine;
- alcuni cittadini.

In taluni casi la formalizzazione del patto era sancita della presenza di un notaio e dalla predisposizione di un vera e propria CARTA DELLA PACE a cui erano allegate le liste dei cittadini giuranti.

I patti, nella loro evoluzione, potevano prevedere cauzioni in denaro o liste di cittadini che si sarebbero offerti come ostaggi fino al componimento di controversie o di eventuali ostilità.

Non meno interessante è la pace di Giaffa sottoscritta il 18 febbraio 1229.

Tale pace fu ottenuta da Federico II senza un solo istante di guerra, dopo avere però costruito un rapporto personale di reciproca stima con il sultano Al Kamil, ma soprattutto, per la concessione allo stesso della città di Damasco pretesa dal suo minaccioso fratello Fakhr ad Dim.

Epico fu anche il trattato di Melno, dal lago in territorio polacco sulle cui sponde fu sottoscritto il 27 settembre 1422.

Il trattato mise fine alla guerra tra cavalieri Teutonici ed il Granducato di Lituania. Le trattative, durate dieci giorni, furono condotte da due delegazioni composte da otto rappresentanti per ciascuna delle parti.

L'ordine cavalleresco religioso rinunciò definitivamente alle sue pretese territoriali, politiche e missionarie nei confronti del Granducato di Lituania che si vide anche cedere la Samogizia e l'accesso al mar Baltico attraverso il tratto di costa tra le città di Palanga e Sventoji, l'unione polacco - lituana ricevette la città di

Meszawa, metà del canale di Vistola dovendo però rinunciare a rivendicazioni territoriali in Pomerania.

Non meno compromissoria è la Pace di Olomouc che il 2 aprile 1479 rese possibile sia a Mattia Corvino che a Ladislao Jagellone di potersi fregiare del titolo di Re di Boemia.

La pacificazione di Gand, anche accellerata dal saccheggio di Anversa da parte dei mercenari al soldo degli spagnoli, consentì di revocare gli editti contro gli abitanti delle province protestanti in attesa che i loro Stati Generali avviassero quel percorso che culminò con "l'atto di abiura" e la loro definitiva indipendenza.

Particolarmente interessanti sono state le vicende che hanno fatto fronteggiare le due potenze marinare della lunga stagione coloniale: Inghilterra e Olanda.

Nel primo decennio del 1600 gli interessi degli stati e delle compagnie delle indie erano difficilmente disgiungibili. La questione che li indusse ad incontrarsi fu il commercio delle spezie: lo sviluppo del medesimo richiedeva la pace.

Le delegazioni di negoziatori si incontrarono all'Aja nel 1613 allo scopo di promuovere sentimenti di amicizia e relazioni di buon vicinato. Gli olandesi sostennero di aver maturato dei diritti sull'Isola di Run avendo sostenuto notevoli spese per combattere i nativi mentre gli inglesi giustificarono il loro diritto essendo arrivati per primi. Due conferenze non spostarono le posizioni dei negoziatori fino a quando giunse la proposta di mediazione del Procuratore generale d'Olanda che propose la fusione delle due compagnie.

Nel condiviso scetticismo furono predisposti documenti particolareggiati relativi alla fattibilità ed al finanziamento dell'operazione.

Una lista di proposte formulate dalla delegazione inglese viene rifiutata dalla delegazione olandese e nella primavera del 1615 i componenti delle delegazione inglese tornarono a Londra.

La stagione del dialogo era trascorsa senza tangibili risultati. Seguì un lungo periodo di guerra pieno di efferatezze.

Solo nel marzo 1667 le parti decisero d'incontrarsi a Breda. La delegazione olandese pretendeva indennizzi per gli atti di pirateria e la restituzione di New Amsterdam, mentre gli inglesi oltre agli indennizzi pretendevano la restituzione dell'isola di Run.

Viste le richieste, destinate nuovamente a determinare uno stallo, i commissari di pace scodellarono la proposta decisiva: gli olandesi avrebbero mantenuto l'isola di Run e gli inglesi avrebbero ottenuto in via definitiva la nuova Amsterdam (attuale Manhattan). La proposta consentì alle parti di sottoscrivere il trattato di Breda.

Decisivi per i nascenti stati dei Paesi bassi furono, nell'ordine, la pacificazione di Gand che determinò, fra l'altro, la revoca degli editti generalizzati in attesa degli stati generali delle province e la pace di Vervins con cui la Francia rinunciò alla sovranità sulle Fiandre.

Tipici scambi furono anche la pace di Nikolsburg del 1621 tra il principe di Transilvania e l'Imperatore Ferdinando: il primo rinunciò alle pretese sul trono d'Ungheria, il secondo s'impegnò al rispetto delle condizioni della pace di Vienna del 1606 oppure la Pace di Monzon sottoscritta nel 1626 tra Francia e Spagna che, intendendo affrontare le questioni relative al possesso del Monferrato e del controllo dei passi alpini rese protagonista il crocevia rappresentato dalla Valtellina. Con l'accordo la Valtellina tornò sotto il controllo dei Grigioni che in cambio di una congrua somma annua permise il culto cattolico e volle poter approvare i magistrati eletti dai valtellinesi.

Se il trattato di Westminster sottoscritto il 16 gennaio 1756 tra Prussia e Gran Bretagna fu un mero patto di non belligeranza fra i due paesi, il trattato di Pace di Tolentino sottoscritto tra Santa Sede e Repubblica Francese fu certamente uno scambio, molto oneroso per il primo che, per evitare il pericolo dell'occupazione militare di Roma, accettò tra l'altro:

- di rinunciare ad ogni diritto su Avignone;
- di rinunciare ad ogni diritto sulle legazioni di Bologna, Ferrara e Romagna;
- al pagamento di 15 milioni di lire tornesi;
- alla liberazione dei prigionieri politici e di guerra.

Nel tumultuoso 1848 al termine delle cinque giornate di Milano il Re di Sardegna Carlo Alberto dichiarò guerra all'Austria determinando l'inizio della prima guerra d'indipendenza. La guerra si caratterizzò per un andamento altalenante di successi e sconfitte con vittorie dei piemontesi a Pastrengo e a Verona, una battuta di arresto a Peschiera, le sconfitte di Vicenza e Custoza che convinsero Carlo Alberto a chiedere un armistizio.

La convenzione di armistizio sottoscritta a Vigevano il 9 agosto 1848 tra Carlo Canera di Salasco, Tenete Generale Capo dello Stato Maggiore generale dell'esercito Sardo ed il generale austriaco Hess, Tenente Generale quartier Mastro dell'esercito austriaco venne efficacemente definito dalle parti quale "preliminare delle negoziazioni per un trattato di pace", regolò infatti gli effetti prodotti dalle attività belligeranti sancendo con chiarezza la finalità, la durata e le modalità di esecuzione di quanto pattuito.

Venne infatti previsto che l'armistizio era esplicitamente finalizzato a dar corso alle negoziazioni di pace, della durata originariamente predeterminata di sei settimane, con le possibilità condivise di prolungare tale tempo o di determinare, con preavviso di almeno otto giorni, la ripresa delle ostilità.

Facendo un altro passo avanti il Trattato di Sevres, firmato il 10 agosto 1920, le potenze alleate nella prima guerra mondiale imposero all'impero ottomano l'amputazione di tutti i territori arabi e della sovranità sugli stretti del Bosforo e dei Dardanelli mentre con il trattato di Riga il 18 marzo 1921 Polonia e Russia si divisero i territori della Bielorussia e dell'Ucraina.

Gli accordi di pace di Parigi del 27 gennaio 1973 rappresentarono il sogno di una generazione: la chiusura formale della guerra in Vietnam così come il trattato di pace israelo - egiziano firmato il 26 marzo 1979 l'Egitto riconobbe Israele, poi seguì a ruota la Giordania.

f. Trattati che hanno ridisegnato gli equilibri

Tra i trattati che hanno davvero ridisegnato gli equilibri non possiamo non incontrare tre autentici crocevia della storia d'europa.

La pace o composizione di Augusta, la pace di Cateau Cambresis ed il trattato di Westfalia.

La pace o composizione di Augusta (1555) è una difficile ma quasi definitiva conclusione della lunga e travagliata stagione dei conflitti religiosi successivi alla riforma.

Carlo V, con l'interim di Augusta, sette anni prima della pace di Augusta aveva temporaneamente ammesso l'esistenza di più confessioni, ciò al fine di cogliere gli sviluppi che avrebbero potuto condurre ad un luogo di confronto in un apposito concilio generale della Chiesa cattolica.

La decisione è tardiva, i protestanti non cercano più spazio dentro la Chiesa cattolica romana e rispondono con l'interim di Lipsia.

Matura quindi la pace di Augusta o meglio Carlo V e la lega di Smalcalda (lega fra principi luterani) affrontano, sul serio, il tema principale e cioè quello della scelta religiosa dei cittadini.

Con la pace di Augusta infatti fu sancito il principio "CUIUS REGIO, EIUS RELIGIO" per cui uomini e donne dovettero fare i conti con la religione scelta dal loro principe. Sono liberi di uniformarsi e, se non condividono la scelta, possono emigrare in luoghi diversi in cui la loro religione è stata scelta. Da questo accordo, certamente essenziale, sono però esclusi anabattisti e calvinisti, che dovranno aspettare fino al 1648.

La pace di Cateau Cambresis è composta di due distinti trattati:
- tra Inghilterra e Francia, firmato il primo giorno;
- tra Enrico II di Francia e Filippo II di Spagna, firmato il secondo giorno.

Nonostante questi trattati abbiano suggellato delicati e duraturi equilibri, paiono essere nati, più che per volontà delle parti, per necessità di ripresa dalle ostilità dei contendenti.

Dal trattato emerge un'assoluta centralità della Spagna nella penisola italiana mentre il papato e la Repubblica di Venezia non subiscono riduzioni o altre limitazioni territoriali. Il baricentro si sposta quindi sull'Atlantico e sulla scena europea Spagna e Francia risultano essere più forti di prima con i loro confini integri.

La conferenza di pace di Westfalia iniziata il 25 marzo 1642 durò complessivamente 16 mesi ed i delegati furono separatamente riuniti:

- a Munster, i delegati che facevano riferimento ai paesi di area cattolica;

- a Osnabruck, i delegati che facevano riferimento ai paesi di area protestante;

presso due vescovadi confinanti facilmente raggiungibili da corrieri.

I lavori procedettero stancamente con poco entusiasmo e pochi negoziati veri e propri.

A Munster, dove svolsero le riunioni le delegazioni cattoliche, senza un ruolo mediatorio e conciliativo del Nunzio pontificio Cardinale Chigi, del rappresentante della Repubblica di Venezia, Alvise Contarini, entrambi in condizioni di sufficiente terzietà rispetto agli stati partecipanti e delle capacità del primo plenipotenziario imperiale Conte di Trauttmansdorff, il risultato finale sarebbe stato ancor meno efficace.

A Osnasbruck, dove si riunirono le delegazioni protestanti, la presidenza fu assegnata al diplomatico svedese Johann Oxenstierna, con l'incarico di cercare anche e soprattutto una pacificazione politica e, al tempo stesso, religiosa.

I punti essenziali del trattato furono i seguenti:

1. riconoscimento dell'indipendenza delle Province Unite;

2. la sovranità della Svezia sulla Pomerania occidentale;

3. la frammentazione della Germania in 350 Stati Sovrani;

4. la definitiva indipendenza della Svizzera;

5. l'estensione anche alla confessione Calvinista delle clausole di Pace di Augusta;

6. la concessione ai sudditi di professare, a livello privato, confessioni religiose diverse dal culto ufficiale del Sovrano.

La percezione dei delegati di aver scritto una duratura pagina di storia fu vera solo in parte, ma quel che è certo, è che il Trattato di Westfalia rappresentò un punto di non ritorno nell'assetto di alcuni Paesi e segnò l'inizio dell'autentica e diffusa libertà di culto dei singoli cittadini ovunque essi risiedessero.

Assume una grande valenza simbolica e concreta l'accordo di Wassenaar, dal nome del comune olandese situato fra Leida e Aia ove è stato sottoscritto.

Tale accordo dimostra, nei fatti, la definitiva fine della contrapposizione in blocchi di Est e Ovest, anche con la nascita di un associazione denominata *"Wassenaar Arrangement"* con sede a Vienna che riunisce oggi oltre 40 diversi Stati di cinque continenti.

L'accordo di Wassenaar è un accordo multilaterale a carattere planetario che cerca di organizzare e gestire, su base consensuale, il controllo dell'export di armi convenzionali e di beni e tecnologie che possono essere utilizzate anche in campo militare.

g. Trattati che hanno segnalato la presenza di mediatori

La storia ha registrato, molto spesso, il ruolo importante o determinante di personaggi che avrebbero facilitato od operato per il raggiungimento di un risultato, di un accordo o di un trattato.

Questo ruolo è stato svolto perché il personaggio rappresentando parti meno coinvolte nelle trattative o meno nettamente schierate, talvolta perché la funzione svolta richiede l'esercizio di tali attività (ambasciatori, nunzi e legati pontifici, vescovi, consiglieri dell'Imperatore o di un regnante, regine, alti dignitari, ecc.).

Non sempre però gli storici registrano la presenza e l'avvenuto svolgimento delle attività di mediazione. Essi infatti le considerano una delle ordinarie modalità di svolgimento delle funzioni spettanti al mediatore in virtù della carica detenuta.

In alcuni casi questo è avvenuto, vediamo alcuni casi, come e perché.

Ho scelto otto casi in cui le cronache degli storici convergono nel segnalare le presenza dell'intervento di un terzo neutrale.

Gli otto casi scelti riguardano:
- la pace di Costanza;
- l'accordo citato dalle "Cronache" di Enrico di Lettonia;
- il Trattato di Noteborg;
- il trattato di Arras;
- il trattato di Ayton;
- il trattato di Knared;
- il conflitto del Beagle;
- gli accordi di pace di Roma del 1992.

La pace di Costanza (dalla città tedesca in cui è stato sottoscritto) è un accordo di rilevantissimo interesse politico e giuridico posto in essere tra l'Imperatore Federico Barbarossa ed un'aggregazione di diciassette comuni: Milano, Brescia, Piacenza, Bergamo, Verona, Vicenza, Padova, Treviso, Mantova, Faenza, Bologna, Modena, Modena, Reggio, Parma, Lodi, Novara, Vercelli che, con il loro consenso ed un giuramento preventivo, riguardò anche i Comuni di Pavia, Cremona, Como, Tortona, Asti, Alessandria, Genova ed Alba.

Il giuramento dell'accordo riguardò l'imperatore, alcuni principi e nobili, vescovi, abati, conti, duchi, marchesi, titolari di cariche su territori rilevanti, il cancelliere dell'Impero ed i rappresentanti delle città.

L'accordo è giuridicamente definibile come una concessione unilaterale dell'Imperatore anche se riconosciuta al termine di un complesso processo negoziale.

L'accordo infatti concedeva, perpetuamente, ai singoli Comuni, le regalie, le consuetudini ed i diritti acquisiti del territorio del Comune nonché i diritti all'arruolamento, alla fortificazione della città e l'amministrazione della giustizia e, a loro volta, le città, sottoscrittrici l'accordo, furono garanti degli impegni che ne derivavano l'una con l'altra.

Nell'accordo fu evidenziata la natura di accordo finalizzato a garantire la pace e la concordia al raggiungimento del quale intervennero più mediatori: il vescovo di Asti, il marchese di Savona, un frate di Selva Benedetta ed il cancelliere dell'Impero Rudolf Gotfried.

Il più antico documento scritto sulla storia della Lettonia e dell'Estonia sono le "Cronache" di Enrico di Lettonia.

Gli storici infatti ci raccontano che Enrico di Lettonia, probabilmente tedesco, certamente di formazione cattolica, divenne prete e si stabilì in quelle terre, sottoposte ad attività concrete di evangelizzazione cristiana.

Egli cominciò a raccontare gli accadimenti, a cui molto spesso poteva assistere, che raccolse nei quattro volumi che compongono le cronache.

"Le cronache" è un opera preziosa non solo perché è raccontata da un testimone oculare ma perché in grado di raccontare la tumultuosa e conflittuale realtà del periodo e della zona senza rinunciare a comprendere i comportamenti conflittuali, le motivazioni religiose e le operazioni militari.

Enrico di Lettonia, assegnato come interprete al cardinale e legato pontificio Guglielmo da Modena, tra il 1225 ed il 1227, ci racconta, dello svolgimento delle funzioni di mediazione del suddetto legato in una controversia tra l'Ordine dei fratelli della milizia di Cristo (*conosciuti come Cavalieri Portaspada*), ordine cavalleresco formato da cavalieri di origine tedesca, polacca ed ungherese al servizio dell'evangelizzazione cristiana, ed i vescovi cattolici presenti sul territorio.

Il trattato di Noteborg (dalla fortezza in cui fu firmato) è stato sottoscritto il 12 agosto 1323, rese possibile la fine della guerra fra Svezia e Repubblica di Novgorod e fu definito, ottimisticamente, "pace permanente tra i due stati". Il trattato si avvalse della collaborazione di negoziatori della Lega Anseatica, associazione di mercanti di città di stati diversi prevalentemente affacciati sul mare del nord e sul mar baltico (Lettonia, Estonia, Polonia, Germania, Danimarca, Svezia, Norvegia, Olanda, Belgio, Repubblica di Novgorod ecc.), soggetto terzo, autorevole agli occhi di entrambe le parti e con il comune interesse di evitare tensioni tra stati rivieraschi con città aderenti all'associazione. Il trattato, fece molto discutere gli storici in quanto fu redatto nelle tre lingue delle parti coinvolte (svedese, russo e latino) ma evidenziò versioni non letteralmente coincidenti e lo smarrimento dell'originale.

Il trattato di Arras, dopo un pluridecennale conflitto tra armagnacchi e borgognoni, dopo quattro anni di trattative, faceva terminare la guerra civile francese.

Al tavolo delle trattative da una parte Carlo VII re di Francia e, dall'altra, il duca di Borgogna Filippo III il buono, anche con la presenza di una delegazione inglese, l'imperatore Sigismondo, nonché i re di Aragona, Castiglia e Polonia.

La posta in gioco è alta, la presenza di negoziatori anche delle altre parti è confermata e per il trattato di Arras viene registrato il ruolo conciliativo di Amedeo VIII di Savoia, detto il pacifico, svolto nelle fasi preparatorie e operando sulle parti coinvolte tutte a lui legate da parentela e/o stima. L'accordo definitivo risente favorevolmente del suo intervento ma viene raggiunto alla presenza del rappresentante del Papa.

Il trattato di pace perpetua firmato a Londra nel 1502 dai Re di Scozia e d'Inghilterra ha avuto necessità di preparativi e di un matrimonio tra Giacomo IV e Margherita Tudor figlia di Enrico VII.

Il fatto preparatorio più importante è certamente il Trattato di

Ayton sottoscritto dai medesimi sovrani con l'importante e decisivo del brillante ambasciatore spagnolo in Inghilterra Pedro de Ayala che ha la capacità di fare in modo che le parti negozino regole capaci di reggere capacità alle dinamiche dell'evoluzione degli eventi individuando processi per la gestione dei confini inglesi e scozzesi e regole per prevenire conflitti locali transfrontalieri.

Il trattato di Knared, piccola località al sud della Svezia, è l'accordo firmato il 20 gennaio 1613 che pone fine alla guerra di Kalmar tra il Regno di Svezia ed il regno di Danimarca e Norvegia. Le delegazioni paritetiche di negoziatori svedesi e danesi, con l'aiuto di due mediatori inglesi inviati da Giacomo I d'Inghilerra, in soli 54 giorni trovarono un accordo contenente previsioni importanti ed onerose tutte volontariamente rispettate.

Il conflitto tra Cile ed Argentina circa la sovranità delle isole del canale Beagle e spazio marittimo adiacente veniva da lontano essendo iniziato nel 1888.

Il pontefice Giovanni Paolo II acquisita la consapevolezza della gravità e della delicatezza di questa tensione tra i due paesi volle esercitare un effettivo ruolo di mediazione.

Nel natale del 1978 inviò il cardinale Antonio Samorè al fine di verificare se vi erano le condizioni per un dialogo ed un confronto tra le parti con la sua mediazione.

Il cardinale, con una lavoro di spola tra le parti, riuscì ad ottenere una reciproca disponibilità ad una mediazione pontificia convincendo le medesime parti a sottoscrivere in data 8 gennaio 1979 un documento che prevedeva:

- il riconoscimento di mezzi pacifici per la soluzione delle controversia;

- la richiesta di mediazione del pontefice.

Cinque anni dopo l'inizio dei negoziati, svolti nella Casina PIO IV in Vaticano, il giorno 29 novembre 1984 le due parti firmarono il trattato di integrazione e cooperazione tra i due paesi.

Una riprova del buon lavoro effettuato dal Pontefice è rappresentata dai tempi rapidi in cui il trattato fu ratificato dai Parlamenti di due paesi.

L'ultimo caso ci conduce in Mozambico dove dopo il raggiungimento dell'indipendenza nel 1975 il Fronte di liberazione del Mozambico, d'ispirazione socialista, si trovò a dover affrontare nel Paese un esercito di liberazione anti comunista (REsistenza NAzionale MOzambicana) che, attraverso una serie di attacchi contro le strutture del Paese, trascinò il Mozambico nella guerra civile.

Con il progressivo crollo del regime sudafricano fondato sull'apartheid le due fazioni avviarono negoziati.

Decisiva fu l'opera di mediazione della Comunità di Sant'Egidio rappresentata da Andrea Riccardi, Matteo Zuppi e dal Vescovo Jaime Goncalves che, con l'appoggio delle nazioni Unite, in 27 mesi e 11 sessioni di lavoro, condusse all'accordo generale di pace tra il Governo del Mozambico ed i ribelli della resistenza nazionale mozambicana sottoscritto a Roma il 4 ottobre 1992. Gli accordi divennero operativi il 15 ottobre 1992 ed il contingente di pace inviato dall'ONU per sorvegliare la fase di transizione lasciò il Paese nel 1995.

h. A proposito di garanzie e compensazioni

Molto spesso i risultati del negoziare sono facilitati da reciproche concessioni che le parti effettuano unilateralmente o su richiesta dell'altra parte o di un terzo neutrale.

Talvolta invece gli accordi oggetto delle nostre analisi vengono aiutati e facilitati con il riconoscimento, talvolta anche reciproco, di garanzie e compensazioni.

Con le prime l'accordo contiene impegni concreti di dare, consegnare, corrispondere beni, denaro o altre dettagliate disponibilità al fine di assicurare l'adempimento degli obblighi contenuti nel suddetto accordo.

Con le seconde l'accordo contiene un riconoscimento di dare o riconoscere denaro o beni a favore di una parte a compensazione di quanto la stessa ritiene di avere rinunciato nell'insieme dei reciproci impegni ed obblighi costituenti il contenuto dell'accordo.

Anche in questo caso ho ricercato nell'insieme degli accordi quattro esempi concreti.

Un primo esempio è reperibile nei contenuti della pace di Zsitvatorok, il trattato di pace firmato l'11 novembre 1606, concluse il conflitto tra gli Asburgo e l'impero ottomano.

La pace, della durata concordata di vent'anni, prevedeva anche:

- l'impegno dei turchi ad evitare saccheggi nell'Ungheria;

- l'esenzione fiscale dei nobili;

- la possibilità dei coloni magiari di riscuotere le imposte direttamente attraverso i giudici locali.

Altrettanto interessanti sono:

- la pace di Etaples ha concluso un non riuscito tentativo di invasione, da parte inglese, della Francia e che quest'ultima ha espulso l'invasore in cambio del pagamento di un indennizzo;

- la quarta pace di Presburgo, firmata dopo le vittorie napoleoniche di Ulma e Austerlitz, prevedeva tra l'altro:

a) il riconoscimento dell'Austria di Napoleone quale imperatore nonché i Re di Baviera e del Wurttemberg;

b) il pagamento da parte della Germania di un cospicuo indennizzo;

c) il preventivo assenso alla Costituzione della Confederazione del Reno.

Di grande interesse è anche il trattato posto in essere in occasione della Pace di Eisenburg firmata il 9 agosto 1664 tra Austria e Turchia.

In tale trattato infatti:

- a ciascuna parte, a fronte dell'impossibilità di utilizzare la fortezza di Koniza e allo smantellamento della fortezza di Szekelyhid, fu accordata la possibilità di erigere piazzeforti;

- all'Austria, a fronte della perdita della fortezza di Novè Zamky, fu consentito di costruire sulla riva destra del fiume Vah;

- tra le parti, al fine di consolidare pace e buona amicizia, si decise di scambiarsi reciprocamente doni di eguale valore e misura.

i. Curiosando tra i trattati e non solo

Ritengo sia interessante conoscere qualche curiosità che è risultata emergere dall'analisi dei dati e delle informazioni reperite ed organizzate durante la stesura del seguente testo.

Posso intanto iniziare ricordando che il più antico trattato esistente sembra essere il trattato di Qades o patto antico posto in essere fra Ittiti ed egiziani nell'anno 1274 a.c. in seguito alla battaglia avvenuta nella medesima località. Per rispondere ad esigenze del tempo fu copiato, in diverse copie su preziose foglie d'argento, in lingua caldea ma è emersa anche una versione in argilla.

Con la celebrazione di tre concilii a Basilea, Ferrara e Firenze, tenutisi nell'arco di quattordici anni intercorrenti tra il 1431 ed il 1445, fu affrontata e cercata la possibilità concreta di riunire la chiesa cristiana d'Oriente e d'Occidente.

I punti d'equilibrio condivisi emersi riguardarono una riunificazione sul piano dogmatico e disciplinare con il mantenimento delle differenze sul piano liturgico.

L'accordo però rimase sulla carta. I risultati condivisi raggiunti dalle diverse delegazioni conciliari non vennero ratificati ed una delle delegazioni ritrattò l'approvazione a suo tempo concessa.

Quel che però è interessante è che Ungheria e Polonia si impegnarono comunque ad applicare le previsioni applicative risultanti dall'accordo facendo sorgere la chiesa uniate che oggi conta oltre sei milioni di credenti raggruppati in Ucraina, Slovacchia e Transilvania.

Secondo gli esperti la conclusione di quel lunghissimo e articolato conflitto che la storia ricorda come "la guerra dei cent'anni", durato in realtà 116 anni, sarebbe il definitivo allontanamento degli inglesi dal trono di Francia.

Quella serie sanguinosa ed incessante di conflitti, anche all'interno dei singoli paesi, terminò il 29 agosto 1475 con la sottoscrizione del trattato di Picquigny. Il lavoro dei negoziatori (tra cui si ricorda John Morton, Thomas Bourchier ed Imbert de Batarnay) rese possibile la conclusione del suddetto trattato con una tregua della durata di almeno sette anni, il ritiro delle truppe di Edoardo IV e il pagamento, da parte di Luigi XI, di 75.000 scudi d'oro ed una rendita annuale di 50.000 scudi nonché due giorni di comuni festeggiamenti.

Non meno interessante è la vicenda dei trattati firmati a Bruzolo, piccola località della Val di Susa in Piemonte, tra la Francia di Enrico IV e il Ducato di Savoia, anche grazie all'attività di facilitazione di un diplomatico veneziano della caratura di Alvise Contarini. Questi trattati, sia quello ufficiale quanto quello segreto, avrebbero mutato gli scenari europei ed interni alla penisola italica: quelli europei con un alleanza offensiva e difensiva tra Francia e Savoia in funzione antispagnola, quelli interni alla penisola italica in quanto i Savoia avrebbero potuto ricomprendere nei loro domini anche il ducato di Milano. I trattati furono effettivamente firmati il 25 aprile 1610 ma, meno di un mese dopo, il 14 maggio 1610 un fanatico di cui la storia ciclicamente si avvale, nel caso specifico, nella persona di Francois Raivallac, saltò sul predellino della carrozza del Re e con tre fendenti al petto lo pugnalò a morte. Il pugnale di Ravaillac portò via, in un sol colpo, il Re di Francia ed i trattati di Bruzolo.

La Pace di Pirenei, uno dei più importanti accordi raggiunti tra Francia e Spagna dopo la pace di Wesftalia è stata raggiunta su un isolotto del fiume Bidasoa che attraversa le province spagnole della Navarra e del Guipuzcoa e che dopo la località di Endorlatsa per ben 10 chilometri rappresenta la linea di confine tra i due stati.

In quel luogo, un isolotto di circa duemila metri quadri dal nome di ISOLA DEI FAGIANI, si raggiunse il suddetto accordo ma nacque anche un condominio franco spagnolo giunto fino a noi.

Ancora oggi questo lembo di terra è amministrato per sei mesi dal Comune spagnolo di Irun e per sei mesi dal Comune francese di Hendaye.

Il trattato di Torino, apparentemente è solo un accordo di pace, in realtà è una sistemazione di necessità personali che determinò però anche un cambio di alleanze.

I Savoia, alleati della Spagna e delle truppe imperiali, stavano combattendo da tempo contro la Francia di Luigi XIV. Il conflitto procedeva stancamente e Luigi XIV propose un accordo direttamente e Vittorio Amedeo II che, per salvare i suoi stati, concesse la figlia Adelaide in sposa a Luigi di Borgogna, assicurando ai francesi il mantenimento del controllo su Pinerolo ed il passaggio della fortezza di Casale al duca di Mantova.

Il trattato di Torino dovette quindi rimanere segreto per un certo periodo al fine di consentire un differimento delle conoscenze del cambio di alleanze che avrebbe potuto sottoporre il suo firmatario alle ritorsioni degli ex alleati.

Non a caso quando fu reso pubblico i soldati francesi cautelativamente giunsero in Piemonte per assicurare la sua difesa.

Con la pace di Basilea del 22 luglio 1795 l'esausta Francia rivoluzionaria chiudeva un fronte bellico durato troppo a lungo e scambiava con la Spagna territori occupati. La Francia restituiva territori occupati in Spagna e quest'ultima restituiva alla Francia la restante parte dell'isola di Santo Domingo. Ma nel trattato c'era una clausola molto segreta e molto imbarazzante per mezzo della quale la Spagna non perseguiva i suoi sudditi schieratisi con la Francia e quest'ultima procedeva a scarcerare la figlia del re ghigliottinato Luigi XVI.

Nel trattato di pace di Parigi sottoscritto nel 1856 estremamente articolato in quanto composto da un prologo, 34 articoli e tre protocolli ammessi, l'articolo 7 previde esplicitamente che i sovrani di Austria, Ungheria, Francia, Gran Bretagna, Prussia, Russia e Sardegna dichiarassero la sublime porta (impero ottomano) annessa a partecipare ai vantaggi del diritto internazionale e del sistema di relazione diplomatiche europei. Quest'ultima pare essere una previsione quanto meno lungimirante.

La vigilia del natale del 1914 nella regione di Ypres (Belgio) i soldati delle due trincee inglese e tedesca spontaneamente e informalmente animarono una vera e propria tregua che infatti consentì loro:

- di decorare le zone interno alle loro trincee;
- di mettere candele sugli alberi e cantarono canzoni natalizie;
- di scambiarsi a voce gli auguri;
- delegazioni dei due eserciti si incontrarono in un territorio neutro scambiandosi doni di modico valore;
- poterono effettuare il recupero delle salme;
- delegazioni dei due eserciti si incontrarono per leggere insieme alcuni salmi;
- probabilmente fu svolto un incontro di calcio.

La tregua spontanea ed informale durò certamente per la giornata di Natale ed in talune zone continuò fino a capodanno. La reazione fu molto dura ed alcuni furono condannati a morte per alto tradimento.

Nel trattato di Sevres sottoscritto fra le potenze alleate della prima guerra mondiale e l'impero ottomano il 10 agosto 1920 furono previste ampie tutele alle minoranze in particolare agli articoli 62,63 e 64 riconobbero ai Curdi la possibilità di ottenere l'indipendenza all'interno di uno stato.

Una commissione delle società delle nazioni designata ad hoc avrebbe dovuto determinarne i confini.

1. Riconciliazioni

Il 22 settembre 1984 a Verdun il Cancelliere tedesco Helmut Kohl ed il Presidente della Repubblica Francese Francois Mitterand approvarono una dichiarazione congiunta che si commenta da sola. La suddetta dichiarazione recita testualmente " Oggi, 22 settembre 1984, il Cancelliere della Germania Federale e il Presidente della Repubblica francese sono venuti qui insieme per inginocchiarsi di fronte alle tombe dei figli di Francia e di Germania. Onorando insieme i morti delle guerre passate, essi iscrivono in questo luogo storico il segno che entrambi i popoli hanno scelto definitivamente la via della pace, della ragione e della collaborazione amichevole. La Germania Federale e la Francia hanno imparato la lezione della storia. Ci siamo riconciliati. Ci siamo accordati. Siamo diventati amici. L'Europa è la nostra patria culturale. Siamo eredi di una grande tradizione europea e l'unità è il nostro obiettivo comune. Per esso operiamo, in uno spirito di fraternità."

Il 18 maggio 1985 i sindaci dei Comuni di Forlì (Italia) e Bourges (Francia) hanno redatto e sottoscritto la CARTA DELL'AMICIZIA.

Nel testo della CARTA DELL'AMICIZIA si legge, tra l'altro:

"I sindaci delle due città, nel Palazzo Municipale adiacente la basilica di San Merculiare che fu testimone di sanguinosi atti di guerra nel secolo XIV fra forlivesi e francesi suggellano solennemente e fraternamente la pacificazione".

"Molti giovani forlivesi e romagnoli nell'ottobre del 1914 si arruolarono nelle legioni garibaldine e caddero sulle Argonne in difesa del suolo francese invaso. Con lo stesso spirito nel nome della libertà cittadini di Bourges e di Forlì, nelle rispettive realtà, parteciparono alla grande lotta di popolo contro il nazifascismo".

Il documento si conclude con la seguente affermazione "La gotica Bourges e la romanica Forlì, entrambe con passato medievale, ricche di monumenti e opere d'arte di indiscusso valore, con popolazioni che hanno tratto dalle vicende storiche insegnamento per una avanzata coscienza civile e sociale riaffermano i principi contenuti nella CARTA DELL'AMICIZIA e si impegnano a continuare a lavorare per la pace, la cooperazione fra i popoli e le nazioni per il progresso dell'umanità".

CAPITOLO QUARTO
UOMINI PER IL DIALOGO

a. Mediatori e negoziatori

Se fino ad ora abbiamo potuto osservare, da diversi punti di vista, i risultati degli eventi, dei rapporti di forza e del relativo negoziare, in questo capitolo cercheremo di conoscere chi sono stati i mediatori ed i negoziatori che la storia ci ha consentito di incontrare o riconoscere.

I risultati delle mediazioni e/o delle negoziazioni sono stati certamente influenzati dagli ambienti storici, dai climi culturali e dal corso degli eventi ma, le poco visibili doti di pazienza, la capacità d'ascolto, di flessibilità, sensibilità ed attitudine all'aiuto ed alle soluzioni dei problemi, messe in campo dagli stessi, sono state decisive.

Affronterò questa analisi cercando di capire quali ambienti e quali culture, nel passato, hanno espresso uomini per il dialogo ed abili negoziatori.

La presenza, fin da tempi più remoti, di attività di gestione pacifica dei conflitti segnala che tali funzioni erano normalmente appannaggio di letterati, contigui al potere costituito, con doti ed attitudini caratteriali nonché l'autorevolezza derivante dall'età, il ruolo e l'esperienza acquisita.

I progressi successivi si sistematizzarono principalmente con la nascita e lo sviluppo della diplomazia, la diffusione di vocazioni alla pacificazione di diversi ordini religiosi, la progressiva professionalizzazione delle attività di mediazione in un grande numero di Paesi dell'intero pianeta.

Successivamente non mancarono, in taluni paesi, norme legislative che consentirono all'attività di mediatori, pacieri e pacificatori di giungere fino a noi.

Oggi le organizzazioni internazionali hanno raccolto e sancito principi generalmente accettati, il diritto comunitario ha regolato il fenomeno in modo non invasivo e molte legislazioni nazionali hanno regolato il fenomeno conciliativo.

Vediamo ora come ambasciatori, legati pontifici, ecclesiastici e non solo, furono anche uomini per il dialogo.

b. Ambasciatori

Perché cominciare proprio dagli ambasciatori?

Per almeno tre ordini di motivi:

- perché la prassi diplomatica prevede tra i compiti di un ambasciatore anche quello di poter o dover negoziare;

- perché nello svolgimento del proprio compito l'ambasciatore è chiamato a curare gli aspetti relazionali e di qualità del dialogo;

- perché l'esercizio effettivo dei suoi compiti può certamente rendere possibile, talvolta probabile, un'attività negoziale che si spinga oltre il negoziato di circostanza o di cortesia.

Attività diplomatiche sono state segnalate fin dall'Antica grecia e le necessità di dialogo e confronto delle città "Stato" facilitarono la diffusione di tali funzioni.

I greci organizzarono tali attività facendo ricorso a tre tipi di messaggeri:

- i presbys ed i Keryx, messaggeri incaricati di missioni brevi e limitate nel loro contenuto;

- i proxenos, messaggeri inviati a soggiornare nelle città straniere.

L'impero bizantino sviluppò e perseguì invece attività d'intelligence e capacità d'interferire negli affari interni di altre città o Stati.

Poi fu la volta della Repubblica di Venezia che, fin dal tempo della quarta crociata, istituì sui territori delle proprie colonie mercantili la figura del Bailo.

Il termine Bailo parrebbe derivare dal latino Baiulus,con significato di portatore o reggitore e risulta essere stato utilizzato nella traduzione di documenti arabi da inviare a funzionari di stati arabi. Il bailo, fu quindi un precursore della più recente figura consolare, ed il bailaggio fu, al tempo stesso, un'attività d'informazione ma soprattutto un facilitatore di reciproche attività commerciali.

Secondo gli storici il primo funzionario che abbia svolto funzioni diplomatiche fu Nicodemo Tranchedini di Pontremoli, ambasciatore di Francesco Sforza.

Più tardi furono la Repubblica di Venezia e lo Stato pontificio che organizzarono e gestirono la diplomazia nel senso moderno del termine.

Perché proprio loro?

La Repubblica di Venezia, per l'ampia diffusione di cultura umanistica impregnata di razionalismo naturalistico, un ceto politico altamente omogeneo, cinico e pragmatico, la necessità di conoscere effettivamente un ampio territorio, di terraferma e di mare, al fine di controllarlo al meglio.

Lo Stato pontificio, con la sua naturale legittimazione universalistica e la volontà di conoscere continuativamente l'evolversi delle situazioni dei vari Paesi in cui la Chiesa cattolica intendeva radicarsi e/o espandersi.

La Repubblica di Venezia infatti:

1. legiferò in materia diplomatica;

2. istituì residenze diplomatiche permanenti (la cui durata oscillò tra i tre e quattro anni, con la sola eccezione delle ambasciate giapponesi in Cina nel XII e XIII secolo);

3. concepì strumenti di esercizio dell'attività diplomatica (tra cui le relazioni ed i dispacci).

Le relazioni degli ambasciatori veneziani, che dovevano essere lette al Senato della Serenissima diventando patrimonio comune alla classe dirigente della Repubblica, sono ancora oggi considerate analisi di straordinaria ricchezza informativa capace anche di far cogliere il costume e le Istituzioni di un Paese.

La modernità delle diplomazie veneziana e pontificia è dimostrata dall'esistenza della previsione dell'accreditamento dell'ambasciatore con lettere formali, ancor oggi in uso.

Più in generale, invece, l'importanza degli ambasciatori come "agenti del negoziato e della negoziazione" attraversa tutta la storia dell'uomo con un significato crocevia della Pace di Westfalia che segnò, al tempo stesso, la nascita della moderna diplomazia e anche l'idea dello stato - nazione.

Lo stato nazione, successivamente cristallizzatosi, previde:

a) quale atto formale di accettazione da parte di un singolo Stato di un patto posto in essere da un proprio plenipotenziario, il diffondersi dell'istituto della ratifica parlamentare dei trattati con la consequenziale estinzione dei trattati in tutto o in parte segreti;

b) la nascita del diritto dei trattati, con la Convenzione di Vienna del 23 maggio 1969.

Al presente ed al futuro appartengono l'insieme di concrete azioni ed attività definite di diplomazia popolare.

Esse rappresentano concretamente lo spazio conquistato da una moltitudine di uomini e donne comuni che attraverso il loro impegno, non continuativo ma non dilettantistico, in istituzioni ed organizzazioni indipendenti della società civile si assumono la responsabilità di iniziative di dialogo, anche internazionali, attraverso forme consentite quali:

- la preparazione e presentazione di studi e dossier in sede di consultazione da parte degli organismi intergovernativi sovranazionali o internazionali;

- le conferenze parallele, in concomitanza di grandi summit internazionali;

- l'opera diretta di mediazione;
- l'interposizione non armata;
- l'implementazione di "ambasciate di democrazia locale" secondo il programma varato dal Consiglio d'Europa in collaborazione con l'assemblea dei cittadini di Helsinki e l'associazione dei Comuni d'Europa.

c. Legati pontifici

Lo Stato pontificio per le sue esigenze costruì a sua volta una rete di nunziature papali che, sulla spinta della doppia valenza, religiosa e politica (in spiritualibus et in temporalibus), di cui possono godere i rappresentanti previde tre tipologie di nunzi:
- legati apostolici: direttamente inviati dal pontefice;
- Legati nati: con ampie prerogative in materia strettamente religiosa;
- I nuncii collectores: che sovraintendevano principalmente al patrimonio ed all'insieme di benefici;

I legati pontifici sono stati e sono la longa manus diplomatica del Pontefice fin dai tempi in cui la Chiesa ha rappresentato l'unica organizzazione pseudo statuale con interessi e rappresentanti capillarmente diffusi del mondo conosciuto dell'Impero e, successivamente, degli stati nazionali.

I legati pontifici si trovarono spesso coinvolti in dialoghi o negoziati (in taluni casi in cui non esistevano interessi diretti della Chiesa) coinvolgenti l'Impero od uno o più stati al fine di tessere alleanze od organizzare attività di contrasto ad alleanze ostili.

Molti sono i legati pontifici che hanno svolto importanti ruoli in fasi di crisi, in momenti critici o a fronte di trattative che fecero emergere momenti di impasse.

Possiamo ricordare, fra gli altri:
- Lamberto Scannabecchi (1060 – 1130), nominato da Papa

Callisto II, fu uno degli artefici del Concordato di Worms;

- Guala Bicchieri (1150 – 1227), nominato da papa Innocenzo III,fu inviato in importanti missioni diplomatiche in Italia ed in Europa, in particolare in Francia ed in Inghilterra;

- Gasparo Contarini (1483 – 1542), nominato da papa Paolo III, fu il vero animatore dei colloqui di Ratisbona;

- Ippolito Aldobrandini (1536 – 1605), nominato da papa Gregorio XV, ebbe un ruolo decisivo nelle trattative per la liberazione dell'ostaggio Massimiliano d'Asburgo;

- Fabio Chigi (1599 – 1667), nominato da papa Innocenzo X, fu legato a Colonia e negoziatore ai tavoli della pace di Westfalia.

La loro doppia legittimazione (temporale e spirituale) con la conseguente piena possibilità di essere mediatori, quando gli interessi della Chiesa lo consentivano, si ridusse grandemente con il diffondersi del protestantesimo.

d. Ecclesiastici

Nel comune rispetto del messaggio evangelico e sulla base di più o meno spiccate sensibilità alla pietà, alle necessità di concordia fra gli uomini, alla remissione dei debiti e dal riconoscimento della forza del perdono e della riconciliazione, gli ecclesiastici non poterono non avere un ruolo nella funzione di pacificazione dei dissidi e dei contrasti esistenti nelle comunità di svolgimento della loro funzione.

È possibile individuare almeno tre diverse esperienze rappresentative dei loro tempi.

In epoca medioevale, nel contesto della massima diffusione ad importanza della varie esperienze conventuali, non possiamo non ricordare la capillarità delle presenze e l'influenza raggiunta dall'esperienza della particolare congregazione cluniacense dell'ordine benedettino.

Il monastero di Cluny ed i suoi monaci infatti, sotto la guida di autorevoli abati, seppero rivalutare e valorizzare il monachesimo benedettino inteso come entità attiva, produttiva ed autosufficiente ed estesero le loro presenze in Francia, Inghilterra, Germania, Italia e Spagna.

Crebbe quindi la loro solidità e la loro influenza che determinò, per alcuni abati, la possibilità di svolgere ruoli come mediatori o comunque presenze di pace in contrasti che riguardarono il Papato o diplomazie di Paesi o di monarchie.

Taluni di essi furono legati papali in Inghilterra, qualcuno operò attivamente del dirimere controversie tra Federico Barbarossa ed il papato, si interposero tra papi ed antipapi, negoziarono importanti accordi in contesti tra il papato e gli imperatori.

In epoca successiva con il crescere degli ordini religiosi, si sviluppò l'esperienza dei frati e dei monaci mendicanti e/o non conventuali, particolarmente capaci e adatti alle predicazioni itineranti.

Anche questa esperienza consentì ai predicatori la divulgazione dell'attività di riconciliazione e l'effettiva attività di riappacificazione tra le parti e/o le fazioni.

Tra i predicatori di questa stagione segnalo: il domenicano Venturino da Bergamo ed i francescani Bernardino di Siena e Giacomo della Marca.

Qualche secolo dopo, in piena riorganizzazione della presenza della Chiesa successiva al Concilio di Trento, fu lanciato un progetto di evangelizzazione di territori a forte influenza luterana.

Il compito fu affidato ai gesuiti.

I gesuiti pacificatori venivano preparati alla promozione della Concordia dal Collegio germanico di Roma sulla base della "formula instituti" e successivamente del "Ratio studiorum" per affrontare:

- le liti tra diverse parti;
- le lotte tra fazioni opposte;
- le faide.

Le loro attività si svolsero riguardando l'intera filiera divulgativa:

- la missione;
- la predicazione;
- l'effettiva attività di pacificatori nelle questioni private;

Il tutto evitando di entrare in conflitto con la giustizia ordinaria.

I pacificatori intervennero in tutte le possibili controversie tra coniugi, famiglia, vicini e nobili.

e. Altri soggetti

Il tema della pacificazione dei conflitti in periodi diversi o con modalità diverse ed in paesi diversi coinvolse uomini, donne, istituzioni, organizzazioni di cittadini e professionisti.

All'approfondimento del tema diedero loro contributi scritti anche insigni giuristi, scrittori e poeti.

La funzione di paciere o mediatore, è sempre stata un'attività che la persona può sentire di dover scegliere e nello svolgimento della medesima può essergli utile un autorevolezza che può anche promanare dall'autorità.

Questa dinamica ha consentito ad anziani di comunità e/o di villaggi, saggi, esperti, uomini e donne di cui le parti si fidano, giudici, autorità locali ed ecclesiastici di essere naturalmente considerati autorevoli e sufficientemente equidistanti per poter svolgere tale funzione.

Qualche volta il pacificatore o paciere appartenne alla classe nobiliare facilitando in tal modo la sua accettazione nelle frequenti controversie fra nobili.

Importante è stato anche il ruolo svolto dai cittadini associati in confraternite sorte con lo scopo di sanare contrasti e dispute fra aderenti o che prescrivevano agli stessi di non avviare liti senza aver preventivamente informato gli altri soci.

Possiamo ricordare, fra le altre, la Confraternita del Santissimo Crocefisso di San Marcello a Roma, la confraternita della Gloriosa Vergine Maria di Consolazione a Milano, le Confraternite di Santa Maria Maddalena e la Congregazione della Concordia a Bologna.

Due esperienze molto diverse fra loro, ma estremamente importanti, ci possono raccontare come siano state organizzate risposte istituzionali anche diverse:

- nell'un caso con previsioni negli Statuti comunali di città toscane, di figure e procedure atte a facilitare il raggiungimento di paci private, che con l'esperienza e professionalità del notariato consentì l'affermarsi di veri e propri tragitti di pacificazioni;

- nell'altro caso con l'Assunteria delle paci.

Nella prima metà del XIV secolo, negli statuti dei Comuni di Valdinievole, Pescia ed Uzzano, sulla base di documenti forniti da due parrocchie e da un lavoro di ricerca a cura dei Notai, tesa alla raccolta di dati quantitativi e qualitativi, sono emersi dati di grande interesse.

Gli statuti di tutti e tre i Comuni previdero l'atto di pace ed il Comune di Pescia previde anche la composizione del conflitto, per contesti complessi e multiparti, ed i Comuni di Pescia ed Uzzano previdero, nel primo caso, magistrati addetti alla paci chiamati PACIALI mentre il Comune di Uzzano previde a sua volta l'esistenza di specifici ufficiali detti PACIARI.

Di grandissimo interesse sono le informazioni tecniche acquisite potendo accedere ad una ricerca basata sull'analisi di documentazione notarile.

Leggendo la sintesi di tale ricerca si coglie l'esistenza di due tipi di paci:

a) le paci concesse da una parte, unilateralmente;

b) la pace reciproca raggiunta su base paritaria.

L'esistenza di paci di breve termine e paci di lungo termine: le prime normalmente conseguenti a risse ed aggressioni, sottoscritte davanti al Notaio entro poche settimane, le seconde raggiunte in tempi molto più lunghi.

Le controversie di origini patrimoniale, invece, richiedevano molto spesso veri e propri tragitti di pacificazioni, anche in più fasi o con l'utilizzo di un susseguirsi di strumenti quali il compromesso, l'arbitrato e la pace stessa.

Quanto al luogo di sottoscrizione delle medesime paci esse venivano firmate negli uffici notarili, talvolta in case private o nelle botteghe artigianali o commerciali, talvolta anche in sedi istituzionali.

Nel XVI secolo, in Italia ed in molte città europee, le istituzioni comunali organizzarono una risposta strutturata volta a diffondere, tra i cittadini, la pace e la quiete.

Nel caso specifico l'esperienza italiana dell'Assunteria delle paci di Bologna fu espressione di un governo misto, civico e pontificio insieme, che organizzò sul territorio comunale, in modo capillare, uffici ed addetti (gli assunti) preposti ad affrontare le controversie, facendoli accettare quali mediatori o individuando personaggi autorevoli, che potevano assolvere a tale compito, ed operando fattivamente per farsi rilasciare lettere, documenti, dichiarazioni atti a limitare, evitare e/o appianare le ostilità fra le parti potendo giungere fino alla firma di vere e proprie paci, anche in grado d'interrompere procedimenti giudiziari già avviati.

Quanto poi ai contributi scritti di studiosi e letterati, cerchiamo di conoscere, in ordine cronologico, il contenuto di massima ed i loro autori.

Rinaldo Corso, l'uomo di lettere, giureconsulto, giudice e Priore del Collegio dei notai di Correggio diede alle stampe il suo piccolo trattato *DELLE PRIVATE RAPPACIFICAZIONI* (1555), pochi anni dopo il letterato e militare **Dario Attendolo** diede alle stampe il *DISCORSO INTORNO ALL'HONORE E AL MODO DI INDURRE LE QUERELE PER OGNI SORTA D'INGIURIE ALLA PACE (1563)* indicando alcune possibilità di risoluzione delle controversie relative all'onore senza far ricorso al duello.

Successivamente **Fabio Albergati** nella sua opera *DEL MODO DI RIDURRE ALLA PACE LE INIMICIZIE PRIVATE (1583)* condannava il duello indicando nel perdono e nell'autorità arbitrale del Principe le strade percorribili, fino a giungere all'inizio del secolo successivo al contributo di **Berlingero Gessi**, studioso della scienza cavalleresca nonché pacificatore che scrisse *LO SCETTRO PACIFICO* (1672) dato alle stampe solo dopo la sua morte.

Decisamente di altra statura è il trattato del giurista e storico del diritto **Ludovico Antonio Muratori** dal titolo INTRODUZIONE ALLE PACI PRIVATI (1708).

In quest'ultima opera c'è un tentativo serio e argomentato di affrontare il tema della gestione dei conflitti finalizzata, come recita l'autore nella premessa "a terminare amichevolmente le liti private".

Nell'opera del Muratori vengono affrontati temi quali le necessità e la qualità dei mediatori delle paci, con un approccio che enfatizza le qualità personali del mediatore e le sue capacità di persuadere le parti in lite, non riuscendo però ad immaginare strumenti, categorie ed approcci diversi dal processo, non a caso constata la difficoltà dell'ufficio del mediatore.

Straordinariamente attuale è anche l'opera del giurista tedesco e storico del diritto **Ernesto Martino Chladenio** che nella sua opera dal titolo OSSERVAZIONI SULLA COMPOSIZIONE AMICHEVOLE (1768) teorizza l'istituto della composizione amichevole e dimostra la sua utilità in capo ai giudici.

CAPITOLO QUINTO
PACIFICATORI E NEGOZIATORI

a. Le convinzioni

Per parlare di negoziatori non disturberei il regno dei principi. Preferirei parlare di convinzioni che potrebbero accomunarli nel loro confrontarsi ed agire.

I conflitti sono eventi umani ineliminabili, anzi, se non endemici, sono indicatori di vitalità e fluidità. Il confronto, l'interscambio ed il negoziato con altri sono altrettanto inevitabili, salvo scelte di isolamento e/o di incomunicabilità.

Ecco quindi che sapendo di non potersi sottrarre dal confliggere, data la ricorrente limitatezza di ogni risorsa utile, ma soprattutto dal negoziare, a tutti i livelli ed in tutti i contesti della vita attiva, qualcuno più di altri diviene consapevole del fatto che il negoziato ed il negoziare è un insieme di tecniche, di metodi e di approcci che possono essere sviluppati e affinati con lo studio e la pratica.

Thomas C. Schelling, premio nobel per l'Economia, nella sua opera "LA STRATEGIA DEL CONFLITTO" sostiene che la maggioranza delle situazioni conflittuali non riguarda persone nemiche che si odiano fino a desiderare la distruzione altrui, ma più semplicemente:

- non si fidano del tutto, uno dell'altro;
- sono in disaccordo su uno o più punti;

ma non disdegnerebbero di raggiungere un accordo.

Siccome le persone in conflitto hanno sempre e comunque degli interessi, seppure spesso diversi fra loro, ecco che si comprende come in quasi tutti i conflitti la vicenda conflittuale lasci il posto ad una vicenda contrattuale.

Si negozia tutti e molto spesso, sulle grandi questioni e sulle questioni di dettaglio, e siccome secondo un recente studio il 68% delle negoziazioni finisce con un accordo peggiore di quello che sarebbe stato possibile raggiungere, risulta evidente l'utilità, per i singoli ma anche per il contesto sociale, di una più diffusa conoscenza delle tecniche di negoziazione.

Saper negoziare o comunque stare proficuamente nel negoziato può voler dire che un conflitto od una trattativa diventa un opportunità di soddisfazione o di minore insoddisfazione per le parti coinvolte ma può divenire anche un occasione di sviluppo e di sinergia.

Lo scrittore Amos Oz nel suo libro "CONTRO IL FANATISMO" ci ricorda come la parola compromesso goda di una pessima reputazione ma questo avviene per ragioni culturali.

Si ritiene che il termine compromesso sommi due disvalori: sia un cedimento sul fronte della coerenza, sia un cedimento sul fronte delle cose, dei beni e del denaro eventualmente ritraibile dalle trattative.

In realtà, guardando meglio, si potrebbe scorgere che non c'è necessità di coerenza:

- in assenza di responsabilità pre contrattuale;
- in quanto lusso che non conviene o non si intende pagare;

mentre, sul fronte quantitativo, il risultato finale dovrebbe essere attentamente contestualizzato con variabili quali il tempo, il modo, i prezzi indiretti, le occasioni e le opportunità guadagnate piuttosto che perse.

Ma il vero cambio di paradigma culturale dell'accettare ed apprezzare il negoziato passa attraverso due scelte:

1. gestire da soli o con un aiuto il conflitto o almeno il successivo eventuale negoziato;

2. scommettere che un conflitto o un negoziato possa divenire un'opportunità.

In relazione alla prima questione si tratta di scegliere il negoziato ed affrontare, in prima persona o anche affiancati da uno o più esperti e/o da un facilitatore, il tragitto negoziale potendo impostarlo e gestirlo. È più comodo e semplice delegare ad un terzo tale attività ma in tal modo si rinuncia a portare se stessi, le proprie personali convinzioni, le proprie percezioni e sensibilità nel negoziato.

In relazione alla seconda questione si tratta di non pensare arrendevolmente ad un negoziato sui soli diritti ma pensare invece ad un negoziato che porti anche la propria impronta consentendoci:

- nelle peggiori delle ipotesi di decidere quando e come rinunciare a costruire insieme;

- nelle migliori delle ipotesi di immaginare, inseguire e costruire una risposta negoziale che andando oltre il mero negoziato, ci consenta di spalancare opportunità, soluzioni e collaborazioni altrimenti non raggiungibili

b. Le tecniche

In molte parti al mondo si formano negoziatori ma l'Harvard Negotiation Project, primo tra altre Università, colse l'importanza di tale tecniche e ne organizzò la divulgazione e la formazione.

Attualmente quel progetto è diretto da Daniel Shapiro ed intendo quindi ricordare i capisaldi delle tecniche che divulga a Capi di stato, Ambasciatori e a uomini e donne comuni.

L'approccio cooperativo al negoziato, che ha caratterizzato la prima stagione di indicazioni del progetto di Harvard, è superato in quanto presupponeva l'esistenza di un altro che oggi non c'è più.

L'altro, in quanto tale, non c'è più, ognuno di noi ha significato nel momento in cui esiste il circostante, il contesto, la pluralità.

Proviamo quindi ad incontrare una serie limitata di "core con-

cerns" validi in tutte le occasioni che sono:
1. l'apprezzamento;
2. l'autonomia;
3. l'affiliazione;
4. lo status;
5. il ruolo.

Apprezzamento: non c'è niente di più gratificante che far sapere che si è apprezzato quanto detto e/o fatto.

Autonomia: valorizzare al massimo la capacità di autogestione e di personalizzazione del negoziato.

Affiliazione: è il sentimento di empatia e di naturale volontà collaborativa.

Status: è il rispetto per qualunque ruolo e funzione svolta.

Ruolo: è lo stimolo costruttivo e rivolto al problem solving che è opportuno assumere.

Il tutto con la consapevolezza che le persone sono naturali alleati per affrontare e risolvere ogni problema, quindi l'imperativo è isolare insieme i motivi di scontro e cercare insieme linee comuni e condivise, forse anche la soluzione.

Un'altra importantissima esperienza che può contribuire alla mia analisi è emersa nel contesto di un forum internazionale dal titolo "PARTNERSHIPS IN NETWORK ORGANISATION" in cui si è cercato, anche con l'ausilio dei risultati di una ricerca mirata, di contribuire al dibattito sulle qualità necessarie al negoziatore.

In tale convegno si sono raccontate delle esperienze e sono stati presentati i risultati di una ricerca fondata su un questionario somministrato ad una platea di giornalisti, negoziatori e consulenti.

Dalle esperienze narrate sono emersi alcune importanti indicazioni quali:
• le trattative sono per il 90% psicologia e per il 10% logica;
• sarebbe opportuno che le trattative al tavolo si alternassero

con discussioni informali;
- le trattative consentono di ottenere risultati in tempi brevi;
- le regolarità e la rapidità dei cambiamenti richiedono flessibilità ed è opportuno che in tutti i curricula dei dirigenti siano presenti le capacità di trattare.

In relazione invece alle indicazioni emerse nella suddetta ricerca volta a conoscere le caratteristiche del negoziatore e dei negoziati secondo le categorie degli intervistati sono emerse, con nettezza, le seguenti tendenze:
- i valori personali del negoziatore sono importanti nelle trattative;
- il negoziatore deve essere flessibile;
- l'empatia è un fattore essenziale all'efficacia e/o alla riuscita della trattativa;
- i negoziatori sono sempre più giovani;
- il negoziatore mirante al consenso prevarrà sul negoziatore mirante alla forza.

c. I risultati dei negoziatori

I negoziatori esistono davvero ma soprattutto esistono davvero i risultati che anche il loro operare concorre a realizzare.

I negoziatori o sono i protagonisti diretti oppure sono uomini e donne formati ed esperti di trattative e negoziati, in quest'ultimo caso, raramente sono noti perché, pur essendo talvolta contigui ai decisori privati e/o pubblici, non sono al potere e non sono il potere, ma non sono al servizio dei decisori privati e/o pubblici ma delle parti del negoziato o, ancor meglio, del risultato del negoziato.

Cercherò di raccontare di un ambiente sensibile al negoziato ed alla formazione dello stesso nonché di negoziatori che hanno contribuito ad importanti risultati.

L'ufficio integrazione dell'Agenzia federale svizzera ha normali rapporti con l'Unione Europea e si avvale di negoziatori per facilitare l'interscambio con le Istituzioni comunitarie.

Il capo dei negoziatori ha particolari responsabilità infatti deve coordinare il lavoro dei gruppi incaricati dei vari oggetti in discussione e funge da intermediario tra le sfere politica e tecnica, che definiscono il mandato.

Le regole apprese dai negoziatori evidenziano tra l'altro:

• il buon equilibrio tra le offerte e le domande da una parte e dall'altra parte dei negoziati;

• la conoscenza del proprio partner di discussione e la creazione di un rapporto di fiducia;

• la perfetta conoscenza del proprio dossier e quello del partner;

• la trasparenza dei propri obiettivi ed il loro rispetto.

In merito alla figura del negoziatore sono convinti che lo stesso non deve essere amato ma rispettato, e per quanto riguarda le tattiche negoziali ricordano che "come facevano i cinesi già oltre mille anni fa, occorre opporsi ad una proposta perfettamente accettabile, per accettarla in seguito in uno spirito di compromesso, a condizione di ottenere qualcosa in contropartita.

Dopo una guerra civile durata trent'anni che ha provocato non meno di duemila morti, nel 1998, nel Castello di Stormont, nei pressi di Belfast, dopo 40 ore di ininterrotti negoziati tra cattolici e protestanti, rappresentati al tavolo delle trattative da otto diverse formazioni politiche, è stato sottoscritto l'accordo con la definitiva approvazione del piano di pace.

Il protagonista del negoziato è stato George Mittchell, mediatore inviato dall'allora Presidente degli Stati Uniti Bill Clinton.

Il negoziato, fortemente voluto dall'allora primo Ministro inglese Tony Blair, è stato costruito con una serie ininterrotta di colloqui a porte chiuse, a cui fecero seguito le dichiarazioni di consenso dei partecipanti alle trattative, ed è stato facilitato anche da interventi telefonici del Presidente degli Stati Uniti ai leader del partito unionista, al primo ministro irlandese e al leader del partito cattolico moderato.

Questo accordo, considerato il risultato anche del coraggio, della tenacia e dell'integrità dei negoziatori, determinò:

a) la costituzione di una commissione internazionale incaricata di proporre misure di clemenza a favore dei prigionieri;

b) la nascita dell'assemblea dell'Ulster, eletta con metodo proporzionale, e di un comitato esecutivo con circa dodici ministri;

c) la costituzione del North South Ministerial Council composto dai rappresentanti delle due Irlande e che risponderà del proprio operato all'assemblea dell'Ulster;

d) l'istituzione del Consiglio delle Isole con rappresentanti delle due Irlande, Scozia e Galles.

Il Nobel per la pace, premio non assegnato tutti gli anni, nell'anno 2008 fu assegnato ad un negoziatore.

La sintesi della motivazione del premio recitava testualmente " *per i suoi importanti sforzi, in diversi continenti e per più di tre decenni, per risolvere i conflitti internazionali*".

Questo negoziatore, cauto e discreto, è Martti Ahtisaari, diplomatico finlandese.

Il suo curriculum è davvero notevole, infatti:

- è stato negoziatore per oltre un decennio in Africa, Asia e Medio oriente;

- ha fatto parte della Commissione Vance – Owen per disegnare la nuova mappa della Bosnia;

- ha ricevuto l'incarico dell'Unione Europea quale mediatore tra la Nato e gli Stati Uniti d'America;

- fece parte della Commissione dei tre saggi che nell'estate 2000 giudicò per conto dell'Europa la situazione politica austriaca, dove erano giunti al governo i nazionalisti e non riscontrò minacce alla democrazia;

- è stato inviato speciale delle Nazioni Unite dal 2005 al 2008 nei Balcani.

Le ragioni del dialogo, della poco appariscente arte del facilitare il confronto, del tessere alleanze, dello scrivere documenti adatti a far convergere soggetti diversi, dello stare nelle trattative con cautela e discrezione, sono qualità e capacità richieste ai negoziatori e, al tempo stesso, degne dei massimi riconoscimenti internazionali.

Nell'anno 2010 la prestigiosa Harvard Law school, nel contesto del program on negotiation, ha voluto valorizzare l'operato di un negoziatore che si è particolarmente distinto per le attività negoziali svolte.

Il negoziatore è Stuart Eizenstat ed ha avuto una carriera negoziale di prim'ordine in trattative con Cuba, Iran e Libia e, quale ambasciatore statunitense all'Unione Europea, ha concorso alla formazione di una nuova agenda transatlantica finalizzata ad un rinnovato impulso agli interscambi tra America ed Europa.

Lo stesso negoziatore è stato coinvolto nei delicatissimi negoziati relativi ai deposti bancari accesi prima e durante la seconda guerra mondiale da coloro che, nello stesso periodo, furono obbligati a lavorare in condizioni di schiavitù nelle industrie della Germania nazista e dei paesi occupati, la cui restituzione è stata pretesa dagli eredi.

I suddetti negoziati hanno coinvolto gli eredi delle vittime, alcuni Stati (Germania, Francia e Austria) ed alcune banche con sede nella confederazione elvetica.

Il suo ruolo iniziale, in rappresentanza degli Stati Uniti d'America, ha concesso ad Eizenstat di muoversi con autorevolezza e gli ha consentito di avviare e concludere un gran numero di accordi conciliativi riguardanti non meno di 20.000 conti correnti ed un risarcimento complessivo non inferiore a 1,25 miliardi di dollari.

I nuovi e diversi equilibrii formatisi con il superamento della divisione del mondo in blocchi hanno certamente ridotto alcune resistenze ad affrontare tali questioni.

In Svizzera procedeva una commissione d'inchiesta presieduta da Volcker, mentre negli Stati Uniti gruppi di avvocati specializzati avviava azioni collettive nei confronti di alcune banche svizzere.

In questo mutato scenario storico, con questa nuova crescita di sensibilità alle ragioni delle vittime dell'olocausto, l'esperienza accumulata, sulla specifica questione, da Eizenstat lo ha reso il candidato ideale a negoziare gli sviluppi di tali controversie.

Un altro contributo fondamentale allo sblocco di tali situazioni è venuto dall'assegnazione di tale controversie a giudici americani che hanno consigliato alle parti un preliminare tragitto stragiudiziale.

L'incarico di mediatore assegnato a Stuart Eizenstat ha indotto il medesimo a prefigurare un primo accordo sul tragitto negoziale che ha previsto:

- una prima fase di accettazione dei risultati della commissione Volcker;

- una seconda fase tesa ad individuare, in modo condiviso, modalità di soddisfazione di problemi derivanti da proprietà confiscate e da lavori forzati.

Si sono susseguiti incontri di mediazione, rigidamente separati; gli Stati hanno facilitato il compito del mediatore e quest'ultimo ha concorso a rendere possibile la presentazione di non meno di 30.000 domande nei confronti delle banche coinvolte con l'accettazione, da parte delle medesime, di non meno di 250 reclami.

d. Il sacrificio

I negoziatori operando per facilitare il dialogo e concorrendo alla ricerca di soluzioni condivise, spesso determinano lo spostamento o la determinazione di nuovi e diversi equilibri.

I risultati del negoziare non rispondono a logiche di parte e possono innestare logiche non aprioristicamente determinabili e quindi non sempre facilmente gestibili.

Per tutto questo un negoziatore o un negoziato efficace possono costituire un pericolo o quantomeno un problema per interessi o portatori di interessi palesi e/o occulti.

Ciò è probabilmente successo nel caso di Burhanuddin Rabbani, tagiko, settantuno anni, studi coranici all'Università del Cairo, designato alla guida del nuovo Alto Consiglio di Pace dell'Afghanistan su indicazione del Presidente in carica Karzai, al fine di cercare una tregua con i talebani o quantomeno delle soluzioni per mettere fine alla guerra.

Questo anomalo negoziatore, che per storia personale e conoscenza specifica della situazione afgana, veniva considerato autorevole agli occhi alle parti coinvolgibili nelle trattative è stato ucciso con una bomba nascosta sotto il turbante proprio mentre incontrava i talebani.

Questo negoziatore non è il primo e purtroppo potrà non essere l'ultimo a perire nello svolgimento di attività di facilitazione, interposizione fra contendenti, e ricerca una via di apertura e/o riapertura del dialogo fra parti negoziali.

CAPITOLO SESTO
HISTORIC CASES

a. Un patto duraturo tra Regni e civiltà

Da millenni gli uomini fanno ricorso al dialogo anche attraverso documenti di funzionari e dignitari che svolsero funzioni diplomatiche.

Lo fecero 2500 anni prima di Cristo ai tempi del regno di Ebla con tavolette, lo fecero al tempo del faraone Akhenatom, con tavolette d'argilla e successivamente provvidero ad utilizzare anche rappresentanti ed inviati allo scopo di informare, comunicare, proporre scambi, patti, alleanze e matrimoni.

Lunghi e lenti viaggi venivano intrapresi da carovane di uomini, armigeri, animali e carri con provviste, doni e missive per attraversare grandi distanze e spazi seguendo percorsi tracciati da commercianti, uomini d'armi ed esploratori. Talvolta poi i messaggeri erano trattenuti come ostaggio per proporre scambi o esercitare pressioni.

Ma ci fu un tempo in cui quelle forme di dialogo, attraverso l'attività di negoziatori equilibrati ed esperti assunsero una logica e delle forme diverse e nuove.

Il dialogo cioè manifestò e rese tangibile un'articolata, organica e duratura volontà di regolare rapporti e relazioni tra civiltà, regni e popoli.

Quel tempo arrivò oltre 1200 anni prima di Cristo in quella parte del mondo, allora conosciuto, che oggi chiamiamo Siria.

In quel tempo ed in quel luogo infatti i processi espansionistici di tre civiltà, strutturate, raffinate ed organizzate s'incontrarono determinando reazioni organizzative belligeranti.

La civiltà Egizia e Ittita, stanziale la prima, nomade la seconda, esprimevano infatti due vigorose modalità d'intendere l'espansione territoriale entrambe sotto la guida di mani decise, forti e sicure.

La civiltà Egizia, sotto la guida di un faraone Ramesse II la cui vita fu, essa stessa, un capolavoro di durata, morì infatti a 97 anni, di vitalità, ebbe non meno sei mogli e quasi un centinaio di figli e seppe edificare o arricchire opere imponenti destinate a trasmettere la sua grandezza ai posteri: Abu Simbel, Tebe, Karnak e Biban el Muluk.

La civiltà Ittita, guidata dal giovane e vigoroso Muwatalli che seppe, in un tempo breve, organizzare efficacemente l'amministrazione del suo impero ma soprattutto seppe porre le premesse per organizzare e gestire un esercito di coalizione numerosissimo e potente, gli storici affermano che la sua coalizione raggruppò 15 tra province e regni con almeno 37.000 uomini e 3000 carri.

Il luogo, prescelto dalla storia, per le loro dimostrazioni di forza e di potenza con spiegamento di forze di fanteria e carri fu nei pressi della fortezza di Qadesh in quanto il suo possesso consentiva il controllo dell'ampio territorio circostante.

La battaglia, tramandata come leggendaria dagli scribi e cronisti egiziani, si consumò in realtà con un rapido rovesciamento di fronti che vide gli Egizi battere in ritirata in quanto sorpresi da una manovra fulminea per poi inseguire gli inseguitori troppo scoperti e lontani dal resto dell'esercito ittita. Fu prima di tutto una capacità reattiva ed organizzativa che evidenziò la potenza e la ricchezza egiziana, capace di permettersi due terzi di forze mercenarie, e la straordinaria ed irripetibile capacità aggregativa del re degli Ittiti. Entrambi i regni affermarono e celebrarono la vittoria, anche ci rimangono solo le descrizioni dei cronisti egizi.

In realtà le due civiltà furono troppo radicate ed organizzate per potersi giocare molto o tutto ciò che rappresentarono in unica battaglia.

Proprio perché civiltà strutturate e ben guidate fecero invece tesoro dell'esperienza bellica e volsero rapidamente il capo verso nuovi orizzonti e soprattutto verso nuovi e potenti nemici comuni quali gli Assiri.

Alle prove di forza ed alle armi subentrarono presto i rispettivi negoziatori (da parte egiziana fu certamente presente Natsharumes, direttore della tesoreria di Ramesse II) che cominciarono a lavorare ad un idea, senza precedenti, un patto che consentisse ai due regni di fare tesoro delle loro comuni esperienze garantendo, alle loro lungimiranti guide ed ai rispettivi popoli, buona pace e fraternità eterna.

Il lavoro dei negoziatori, tre giuristi per ciascuna parte, fu lento e lungo, durò infatti complessivamente sedici anni, anche perché:

- non vi furono luoghi neutri di trattative, con la necessità di tanti reciproci spostamenti;

- morì il re degli Ittiti Muwattali e le successive diatribe dinastiche fecero salire al trono Hattusili III, d'accordo nel continuare a perseguire l'obiettivo dell'accordo.

Fu però facilitato dal buon rapporto, anche epistolare, tra le due regine Puduhepa e Nefertati che si scambiarono anche doni, coltivando una relazione crescentemente amicale che fece crescere il comune auspicio della benevolenza delle reciproche divinità.

Il testo integrale del trattato, scritto in geroglifici e caratteri cuneiformi, fu concordato dai negoziatori dei due paesi e scritto dagli Ittiti su tavolette di argento e dal messaggero Ittita consegnato al faraone, per mano dei suoi messaggeri, per questo, in calce, risulta avere soltanto i sigilli reali Ittiti, la delegazione egiziano, che già disponeva del testo concordato, apportò alcune modifiche e stese la versione definitiva su tavolette di argilla.

Per questo motivo copie del trattato furono trovate a Tebe e ad Hattusa ed evidenziarono alcune discordanze, ma nella sostanza il contenuto dei patti fu chiaro e condiviso.

Il trattato si compone da diciannove clausole raggruppabili in tre categorie:

- le prime tre clausole enunciative di auspici di pace e fratellanza, principi e previsioni augurali di amicizia eterna, di amicizia tra i popoli, anche per conto dei futuri discendenti;

- tredici successive clausole contenenti veri e propri patti reciproci riguardanti, tra l'altro, la non aggressione, la mutua difesa, l'attacco congiunto contro ribelli, il trattamento da riservare a fuggitivi importanti o meno importanti, l'amnistia per i fuggitivi, il reciproco riconoscimento della legittimazione del regnante in carica;

- tre clausole solenni finali riguardanti l'auspicio dei rispettivi Dei invocati a testimoni del trattato, di benedizione e maledizione rispettivamente a chi rispetta o contravviene al contenuto del trattato nonché la descrizione della piastra d'argento contenente il trattato.

Dal trattato traspare:

- tensione ideale e consapevolezza della solennità del patto;

- il ricorso ad un linguaggio essenziale e pacato;

- la capacità di trasmettere il valore della scelta di relazioni di qualità tra i due popoli per il presente, ma soprattutto per il futuro;

- la giusta enfasi alla potenziale espansività, ai rispettivi popoli, dei benefici effetti della scelta di pace e fratellanza effettuata e cristallizzata con la firma dello stesso.

Dopo la firma del trattato, ci dicono gli storici e ci confermano due stele, una scolpita ad Abu Simbel e l'altra a Karnak, lo spirito ed il contenuto del trattato ricevette un ulteriore legittimazione attraverso un matrimonio tra Ramesse II e la principessa ittita Maat hor Neferura, figlia di Hattusili III.

A conferma della sua grande valenza storica una tavoletta in lingua ittita è ancor oggi visionabile al Museo dell'Oriente antico di Istanbul, quale riconoscimento del grande significato valoriale e politico delle diplomazie del tempo, una copia del trattato, su tavolette di argilla, è esposta al palazzo di vetro delle Nazioni Unite a New York.

> *Qual è il messaggio dei fatti narrati?*
> *Nessuna civiltà, nessuna pagina della storia, nessun evento sarebbe stato davvero quello che è stato se per un attimo dimenticassimo la forza del dialogo e del negoziato.*
> *Il caso del trattato di Quadesh è quasi emblematico, la storia ci consegna una serie di fatti ed eventi, le semplificazioni storiche ci consegnano una memorabile battaglia, in realtà aldilà dei numeri di uomini e mezzi messi in campo, per il tempo davvero notevoli, quell'evento fu prima di tutto un grande incontro e una reciproca contaminazione tra grandi civiltà, capaci quindi di produrre cultura, memoria e realizzazioni urbanistiche, militari ma anche pattizie.*
> *Le complesse macchine delle due civiltà vivono, elaborano e presentano l'evento come a ciascun paese è conveniente conoscerlo ed interpretarlo ma in realtà la ricerca storica da una parte e le cruda realtà dei negoziatori restituisce un accordo che va oltre la strumentale necessità di pace di due mondi in guerra su più fronti per evidenziare invece come incontrare l'altro possa divenire un occasione per riconsiderarlo, per costruire regole, pratiche, comportamenti anche comuni che arricchiranno entrambe le civiltà.*

b. Matilde tra Papato ed Impero

Secondo i Greci esistevano due tipi di conflitti: stasis e polemos.

Nel primo tipo ci poteva essere una violenza ma con limiti e regole e fra soggetti che si riconoscono reciprocamente come tali, nel secondo tipo la violenza è senza limiti, senza regole perché fra soggetti che non si riconoscono.

Più recentemente il politologo S.P. Huntington con "scontro

delle civiltà" ed il diplomatico Giandomenico Picco con "conflitti della mondializzazione" hanno inteso ampliare gli spazi di categorizzazione dei conflitti restituendoci ambiti, dimensioni e scenari più adatti ad esprimere il nostri tempo.

Ciò che c'era e continua ad esserci sono" i conflitti tra poteri" che certamente risentono del grado di modernità del sistema delle relazioni internazionali, ma soprattutto risentono delle grandi modernizzazioni avvenute negli ordinamenti giuridici, primi fra tutti quelli che hanno scelto più articolate codificazioni.

Proverò a raccontare di un conflitto che considero rappresentare tutte le categorizzazioni prefigurate tanto da segnare un punto di svolta della storia.

Enrico III, padre di Enrico IV, Imperatore in carica al tempo dei fatti che intendo narrarvi, aveva deposto tre Papi (Benedetto IX, Silvestro III e Gregorio VI) che pretendevano, ciascuno, di essere il pontefice in carica e convocando un sinodo a Sutri ed uno a Roma era stato eletto papa Clemente II.

Gregorio VII, pontefice in carica al tempo dei fatti che intendo narrarvi, aveva promulgato il Dictatus papae, una raccolta di ventisette enunciazioni di potere del Papa che rappresentavano la base della riforma gregoriana. Le ventisette enunciazioni delineavano un pontefice dai grandissimi poteri, si leggeva tra l'altro, che egli era:
- l'unico a poter deporre o ammettere i vescovi;
- l'unico a poter deporre gli assenti;
- l'unico a poter usare le insegne imperiali;
- il solo a poter deporre l'imperatore;
- non giudicabile da chicchessia.

Chi si recò a messa la fredda e magica notte del Natale del 1075 nella Chiesa di Santa Maria Maggiore a Roma tutto avrebbe potuto immaginare ma non:
- di essere nel contesto di un conflitto tra poteri, senza esclusione di colpi, tra Papato ed Impero;

- che il Pontefice, celebrante la santa messa davanti all'altare del Presepe, sotto gli occhi di tutti i presenti, fosse aggredito da un gruppo armato guidato da Cencio Frangipani, spogliato dei suoi paramenti, portato via per essere rinchiuso in una torre.

Allo sbigottimento e l'incredulità iniziale fecero ben presto seguito la consapevolezza e probabilmente la convinzione di aver assistito ad un fatto di eccezionale violenza simbolica e materiale e che forse occorreva evitare di rimanere inerti. La folla dei presenti prontamente inseguì i rapitori, individuò la torre in cui stava per essere segregato il rapito e rimanendo indignata, unita e vociante riuscì a farsi consegnare il rapito che, ritornato in libertà, riprese le celebrazioni dal punto in cui aveva dovuto interromperle.

Gregorio VII non solo non volle l'uccisione dei suoi rapitori ma chiese ufficialmente il perdono per ciascuno di essi.

Gregorio VII pretese però che l'imperatore Enrico IV, a pena di scomunica, si presentasse al suo cospetto per spiegare l'accaduto.

La risposta di Enrico IV non si fece attendere: fu convocata a Worms un'assemblea di vescovi e principi ed il Papa, con altrettanta celerità, procedette allora a scomunicare l'imperatore nonché i vescovi ribelli in Italia ed in Germania.

La dieta imperiale riunita a Tribor, impressionata dal provvedimento papale, confermò la fiducia all'imperatore Enrico IV solo a condizione che entro un anno fosse in grado di dimostrare la revoca della sanzione e l'ottenimento del perdono papale.

Enrico IV, non indugiò, intervenne sulla cugina Matilde di Canossa pregandola di utilizzare tutta la sua influenza per riuscire ad ospitare il papa presso di lei a Canossa, poi con un grande seguito e con a fianco la moglie Berta, partì immediatamente per l'Italia.

Nel frattempo continuò a tenere una fitta corrispondenza anche con la suocera Adelaide di Susa, nota come Adelaide di Torino, a cui chiese di aiutarlo ed il marchese Azzo di Este.

Adelaide di Torino accettò di recarsi a Canossa e per accrescere il prestigio della delegazione si fece accompagnare dal figlio Amedeo II di Savoia. Enrico IV chiese anche l'aiuto del padrino Ugo di Cluny, influente abate dei monaci cluniacensi (lo stesso ordine a cui aveva appartenuto anche il pontefice).

Matilde di Canossa, che prima di quella richiesta d'aiuto aveva consigliato al Papa di recarsi in Germania per assistere alla pubblica richiesta di perdono organizzata ad Augusta, in occasione della festa della Purificazione di Maria del 2 febbraio 1077, che stava quindi facendolo scortare sui propri territori, poté facilmente invitare il Pontefice a trascorrere qualche giorno presso Canossa.

Il pontefice accettò l'invito di Matilde e giunse a Canossa, ma fece rispondere ai corrieri dell'imperatore che non intendeva negoziare in quanto non poteva accettare le argomentazioni e le discolpe di Enrico IV in assenza dei suoi accusatori.

Il 20 gennaio del freddissimo inverno del 1077 anche il corteo del seguito di Enrico IV giunse sotto le mura di Canossa.

Enrico IV chiese di incontrare Matilde e l'abate Ugo di Cluny. L'incontro avvenne nella Cappella di San Nicola nella Rocca di Montezane, poco lontano da Canossa, ove Enrico IV chiede all'Abate di essere suo garante nella richiesta di perdono: l'abate gli ricordò che il suo ruolo gli impediva di poterlo fare ed indicò in Matilde la persona e la figura che avrebbe potuto certamente aiutarlo. Enrico IV quindi si rivolse in lacrime a Matilde e le chiese di intercedere presso il Pontefice con tutta la sua influenza.

Enrico IV tenta immediatamente di avere un colloquio con il Pontefice, ma il suo status di scomunicato e di richiedente l'incontro, inducono il suo seguito a convincerlo a deporre ogni segno regale ed imperiale e, scalzo e vestito soltanto di un saio di penitente, attendere alla porta di Canossa.

Il Pontefice, di fronte all'inaspettato arrivo di Enrico IV, circondato da amici e consiglieri che, seppure per ragioni diverse, sono ben disposti nei confronti dell'imperatore e, in taluni casi, intendono perorare le ragioni per il perdono del penitente deve trovare una soluzione accettabile e difendibile.

Trascorsero tre lunghi giorni in cui il penitente attese di essere ricevuto.

Il pontefice, confermando quanto affermato negli scambi di missive con i corrieri imperiali, non affrontò la questione riguardante il destino dell'imperatore Enrico IV, ma se gli fosse stato chiesto di farlo, l'imperatore avrebbe dovuto rimettere le insegne regali nelle mani papali e giurare il rispetto di tutto quanto disposto dal Pontefice.

Questo non poteva avvenire anche perché il Re germanico non avrebbe potuto giurare, doveva bastare la sua parola. Doveva essere trovato un altro punto d'equilibrio.

Il lavoro d'intercessione di Matilde, di confronto e trattativa tra i presenti, fece maturare un'altra soluzione rispettosa ed al tempo stesso legittimante della distinzione fra i poteri in conflitto.

Il pontefice il 23 gennaio 1077 ricevette infatti il penitente Enrico che manifestò il suo personale pentimento, invocò il personale perdono di Dio nonché la richiesta di essere riammesso nel grembo della Chiesa.

Fu celebrata una messa per lui in cui gli fu somministrata la comunione.

Seguì un banchetto che Enrico consumò in silenzio e in cui Gregorio VII lo ammonì ancora una volta di comportasi sapientemente.

Con questa formula il Pontefice restituì ad Enrico il suo posto nella comunità dei fedeli ma non si pronunziò sulle questioni che riguardavano l'impero che rimasero di competenza della Dieta imperiale nel termine che la stessa si era data. Non a caso la lettera che Gregorio VII inviò ai grandi elettori, da Canossa, era accompagnata da un allegato" Iusjurandum Heinrici, regis Theutonicorum" da cui emergevano i giuramenti di principi e dignitari del seguito dell'imperatore.

> *L'attività di mediazione di Matilde ed amici non poteva essere facile.*
>
> *Ella si trovò dentro ad uno dei più grandi conflitti di tutti i tempi in cui le prigionie di ruolo furono reali e dove grande fu il valore simbolico degli atti compiuti e delle parole pronunciate.*
>
> *Storia personale e carattere costruirono la sua credibilità, l'autorevolezza e la fiducia che ispirava ad entrambi i confliggenti l'aiutò a fare il resto.*
>
> *Un evento storico probabilmente enfatizzato che consente però di riflettere sul valore del dialogo, del perdono e della riconciliazione tra uomini concreti con le loro passioni e le loro missioni da compiere.*
>
> *La modernità del messaggio è nella capacità reali d'intercessione e di facilitazione del dialogo di persone autorevoli e credibili ma anche nella possibilità che la conciliazione non abbia speranza se disgiunta dalla volontà e serietà del rispetto dei patti.*

c. La riconciliazione di Norimberga

L'imperatore Federico I detto il Barbarossa, ci narrano gli storici, cadde da cavallo e morì annegato il 10 giugno 1190 guadando il fiume Goksu (attualmente Saleph) mentre guidava i suoi uomini verso la terza crociata.

La sua morte apparì, subito, troppo banale e comune per il personaggio, ed allora la leggenda soccorse la realtà costruendo il mito: Federico I avrebbe avuto in mano *"la lancia del destino"*, che conferiva al detentore l'imbattibilità, la stessa sarebbe caduta facendogli perdere, insieme, l'imbattibilità e la vita.

Federico I fu incoronato re ad Aquisgrana il 4 marzo 1152 e divenne imperatore il 18 giugno 1155, con la convinzione che il suo principale compito fosse rafforzare l'autorità imperiale e lo fece con decisione ed autorevolezza.

Federico I, soprattutto, si formò il convincimento che il territorio della penisola italica fosse il principale scenario e contesto in cui riaffermare l'universalità del potere imperiale per due ordini di motivi:

- ospitava il Pontefice, espressione dell'altro potere universale, seppure spirituale;

- era il territorio che fu culla e fulcro dell'impero romano d'occidente.

Federico I dimostrò una straordinaria vitalità, ebbe due mogli, undici figli, partecipò ad una crociata, tenne sotto controllo i movimenti del cugino Enrico il Leone, Duca di Baviera e Sassonia, indisse e partecipò a decine di Diete Imperiali (Costanza, Ratisbona, Wurzburg, Worms, Goslar, Spira, Besancon, Lodi, Roncaglia, Bamberga ecc), il corteo imperiale, con il suo lungo seguito, si spostò instancabilmente, in ogni stagione, su tutto il territorio dell'impero: da Ratisbona, a Lubecca, da Worms a Magdeburgo, da Magonza a Roma, dalla Moravia alla Boemia, da Besancon ad Arles, dall'Ungheria all'Anatolia, da Filippopoli a Costantinopoli, e nell'arco di trentadue anni discese sei volte nella penisola italica, muovendosi continuamente sul territorio corrispondente alle attuali regioni del Centro nord.

Il suo interesse per il territorio italico, già giustificato dai suoi convincimenti, si alimentò ulteriormente durante la stagione comunale con le tante piccole, medie e grandi realtà cittadine ciascuna con le proprie specificità ed esigenze interne ed esterne.

La sua prima discesa nel territorio italico fu determinata da un irresistibile miscela di motivazioni: il potere dei comuni rivaleggiava troppo con il potere di alcune famiglie vicine all'imperatore, i piccoli comuni cominciavano a temere Milano e il Papa Anastasio IV intendeva chiedere aiuto per chiudere l'esperienza romana di Arnaldo da Brescia.

Invocato il suo intervento da tante voci la sua reazione non si fece attendere e, con una visione legittimistica ed un presunto fondamento giuridico, alla prima Dieta di Roncaglia (secondo gli gli storici potrebbe essere l'attuale Cotrebbia o una località nel basso lodigiano) revocò tutte le regalie, a suo dire, indebitamente utilizzate dai comuni senza l'avvallo imperiale. Assaggiarono la sua forza Galliate, Asti, Chieri, Tortona, Pavia, Roma, Spoleto, Ancona e Verona.

La seconda discesa fu mirata a limitare la grande forza ed autonomia assunta da Milano. Federico I, con un esercito più numeroso, l'assediò riuscendo ad ottenere la preventiva approvazione imperiale dei consoli. Ma questo non era sufficiente. Egli infatti intendendo arginare, una volta per tutte, le pretese comunali in generale ma quelle di Milano, in particolare, convocò la seconda Dieta di Roncaglia chiedendo ed ottenendo la presenza e l'intervento di quattro prestigiosi giureconsulti della scuola bolognese dei glossatori perché cercassero ed enunciassero i principi giuridici che governavano i rapporti tra autorità imperiale e comuni del territorio italico. I quattro glossatori che intervennero con funzioni consultive: Martino Gosia, Bulgaro, Ugo di Porta Ravegnana e Jacopo, confermarono la piena indipendenza dell'impero dal papato con la relativa sovranità dell'Imperatore sui comuni del territorio italico.

Federico I colse quindi l'occasione per l'approvazione allora di due documenti:

1. la *Constitutio de Regalibus*, che riconosceva all'imperatore i diritti e le regalie (vie pubbliche, fiumi,canali, porti, tributi, monete, multe e pene, creazione magistrature e somministrare la giustizia, le zecche e pubblici palazzi ecc) e affermava l'impossibilità della vendita delle terre feudali senza il preventivo consenso imperiale;

2. la *Constitutio de Pacis* che, tra l'altro, impediva la costituzione di aggregazioni tra città, le vendette private e il diritto al prelievo.

Queste scelte, seppure fondate sul diritto, accrebbero la tensione fra l'Imperatore ed i comuni anche filo imperiali anche perché Federico I aveva la mano pesante, come poterono constatare Spoleto, Crema, Tortona, Brescia, Piacenza.

Per alcuni anni l'Imperatore e le sue truppe non furono presenti sul suolo italico e questo rese più facile che l'accresciuta tensione con i Comuni desse a loro il tempo di coalizzarsi. Federico I capì che doveva riconquistare la fiducia persa nel tempo della sua assenza e nella sua quarta discesa portò con sé un esercito molto numeroso ed organizzato.

Quello che aveva percepito e temuto era divenuto una realtà: un numero crescente di comuni avevano costituito leghe per rendere più agevole la resistenza all'imperatore e le leghe, a loro volta, si erano alleate nella Societas Lombardie che conosciamo come "Lega Lombarda", essa raccoglieva un fronte di malcontento molto vasto e aveva il sostegno del Regno di Sicilia e dell'impero bizantino.

Anche questa volta però i molteplici fronti su cui era impegnato lo richiamarono in Germania rinviando un confronto che si profilava crescentemente carico di tensioni e malcontenti.

In questo scenario il mese di settembre dell'anno 1174 l'imperatore giunse per la quinta volta sul suolo italico, anche questa volta con un esercito possente, e cominciò una aggressiva campagna distruggendo Susa, poi assaltò Asti, il Monferrato, Alba, Acqui, Pavia e Como poi, per la prima volta, assediò la città di Alessandria (la vecchia Rovereto che, in seguito alla fusione con le comunità limitrofe di Marengo, Foro e Gamondio, aveva assunto il nuovo nome di Alessandria in onore del pontefice Alessandro III), quale città simbolo delle forze anti imperiali.

L'assedio ad Alessandria durò complessivamente sei mesi ma, poco prima della fine dell'assedio, l'imperatore e i rappresentanti della lega Lombarda si incontrarono a Montebello e vi stipularono un preliminare di pace.

Il preliminare di pace di Montebello prevedeva:

1. la pace in cambio della sottomissione all'imperatore delle città della Lega lombarda;

2. una commissione arbitrale di tre persone per parte che prendesse in esame le richieste delle parti cercando di conciliarle nell'arco di due mesi (il capo delegazione della Lega Lombarda fu il console di Milano Gerardo Cagapisto gli altri componenti erano espressione delle città Brescia e Verona, fedeli alleate di Milano), nel caso gli arbitri non fossero riusciti a giungere ad una determinazione comune avrebbero deciso insindacabilmente i consoli di Cremona.

Da questo patto fu esplicitamente esclusa Alessandria a cui fu concessa solo una tregua limitata di due mesi, giurata, per conto dell'imperatore, dal Marchese di Savona e dal Conte di Savoia.

Per la città di Alessandria le reali intenzioni di Federico I erano del tutto diverse.

Nonostante la tregua richiese nuovi rinforzi ed organizzò un attacco nella notte del venerdì santo approfittando di un cunicolo sotterraneo. Una spia alessandrina si introdusse nottetempo nell'accampamento imperiale e carpì l'informazione. Gli armigeri imperiali sbucarono dal cunicolo ma trovarono ad attenderli gli alessandrini organizzati ed armati e, anche per effetto della sorpresa, furono massacrati. Gli alessandrini, constatando la violazione della tregua, si riversarono nell'accampamento imperiale impadronendosi di armi, macchine, tende e padiglioni e senza voler dare all'attacco un risultato risolutivo ritennero sufficiente mettere in fuga l'esercito imperiale. Il collegio arbitrale, nel frattempo, non trovò una soluzione condivisa, quindi in ossequio a quanto previsto nel preliminare di pace di Montebello, la parola passò insindacabilmente ai consoli di Cremona.

I consoli di Cremona produssero un documento che prevedeva il diritto dell'imperatore alla distruzione di Alessandria ed altre proposte favorevoli a Cremona ma non gradite da Milano.

I comuni riuniti nella Lega Lombarda avevano anche condizionato la loro accettazione della proposta di lodo anche alla rappacificazione tra imperatore e Papa e questo indeboliva ulteriormente il contenuto del lodo che non prevedeva nulla al riguardo.

Federico I ricevette i rinforzi e, anche se erano numericamente inferiori a quelli richiesti, decise di cercare lo scontro con la lega lombarda con l'intento di risolvere tutte le questioni con i comuni aggregati.

Tra gli attuali Borsano e Busto Arsizio ci fu un primo contatto tra cavallerie, ma nei dintorni dell'attuale Legnano vi fu lo scontro diretto tra l'esercito riunificato della Lega Lombarda e l'esercito imperiale che durò tra le otto e le nove ore.

Nella battaglia Federico I fu disarcionato, le sue truppe furono sconfitte, il resto degli uomini fu inseguito e decimato e molti furono fatti prigionieri.

Federico I doveva pacificarsi con il Pontefice e con i Comuni e questo avvenne a Venezia nel luglio 1177.

In quel contesto fu fissata una tregua di quindici anni con Il regno di Sicilia e di sei anni con i Comuni della Lega Lombarda, ampiamente rappresentati.

Rimaneva aperto il problema della città di Alessandria che aveva due fronti conflittuali aperti: quello con il Marchesato del Monferrato e quello con l'Imperatore Federico I.

Il primo fronte conflittuale fu risolto ad Appiano con un negoziato trilaterale tra delegazioni di rappresentanti del Marchesato, dei Comuni della Lega Lombarda e del Comune di Alessandria che, tra l'altro, determinò:

OBBLIGHI E IMPEGNI DEL MARCHESATO	OBBLIGHI E IMPEGNI DEL COMUNE DI ALESSANDRIA
Pace con il Comune di Alessandria	Pace con il Marchesato
Rispetto dei diritti spettanti al Comune di Alessandria	Rispetto dei diritti spettanti al Marchesato
Riconoscimento del Comune di Alessandria e impegno a perorare il suo riconoscimento presso l'Imperatore	Gli abitanti di Alessandria giurano fedeltà al marchese, sua moglie e suoi figli impegnandosi a proteggerli a conservare tutti i loro beni

In caso di mancata conferma da parte dell'imperatore, il Marchesato aiuterà il Comune di Alessandria	Mantenimento della pace con una serie di soggetti confinanti
	Non faranno giuramenti con Asti, Tortona e Pavia
	Restituzione delle braide e tutte le terre dominicali coltivate appartenenti al Marchesato prima della costruzione della città, le eventuali controversie risolte da un arbitro

Il secondo fronte conflittuale, quello con l'Imperatore Federico I, fu affrontato con un negoziato che iniziò a Piacenza ma proseguì e si concluse il 14 marzo 1183, nel palazzo imperiale di Norimberga.

Federico I affrontò il negoziato non dimenticando la resistenza conosciuta negli infruttuosi assedi alla città di Alessandria nonché la sua autonomia nei suoi confronti e nei confronti dei Comuni della Lega Lombarda.

L'accordo definitivo, accettato e giurato da tutti i rappresentanti delle due delegazioni, fu in realtà il contenuto dello statuto di una città imperiale che pur avendo deciso di chiamarsi Alessandria, in onore al pontefice Alessandro, fu chiamata Cesarea, per volontà dell'imperatore.

Lo statuto della città, molto dettagliato, prevedeva tra l'altro:

- il riconoscimento dello stato di città;

- la pace e la guerra sarà effettuata a richiesta dell'imperatore;

- il nunzio dell'imperatore poteva accordare i salvacondotti, individuare i tutori per i pupilli, curatori e restituire i diritti ai minori;

- i giudizi in grado di appello saranno effettuati al Tribunale imperiale;

- i duelli dovranno essere effettuati davanti ai Consoli e al nunzio imperiale;

- i consoli amministreranno la giustizia in città;

- i consoli che governeranno la città saranno eletti dal comune;

- il pedaggio sul ponte Tanaro, i diritti e le regalie in città e fuori spettarono all'Imperatore.

Che rimane di tutto questo ?

La città di Cesarea, quindici anni più tardi, riportò il suo nome ad Alessandria, che è quello attuale.

Federico I morì sette anni dopo.

Oggi in Turingia, vicino a Kassel, sui monti Kyffhauser, un imponente monumento sembra restituire vita all'uomo, ancora prima che all'instancabile imperatore Federico I.

Qualche riflessione sull'evento narrato.

L'evento si colloca in una stagione tumultuosa e di conflittualità diffusa tra poteri, impero e papato e impero e comuni che nella penisola italica stavano cercando e creando il loro ruolo. La vicenda umana di Barbarossa, imperatore dalla leggendaria vitalità, è indicativa della volontà imperiale di controllo del territorio con tutti i mezzi, anche giuridici, che incontra un nuovo assetto ricco di particolarismi. Le dinamiche conflittuali furono estremamente complesse con continui rovesciamenti di fronte e mutamenti di alleanze dove la dimensione del singolo Comune si alternò alla dimensione unitaria nei rapporti con l'impero.

In questo contesto la dimensione negoziale e le ragioni del dialogo si intrecciarono con le ragioni dell'orgoglio di spiccate appartenenze locali scrivendo un originale pagina di attività negoziali in contesti complessi e multiparti che risultò inefficace per non sufficiente terzietà e con un negoziato, quello di Norimberga, che dimostra che accorte attività negoziali possono scompaginare anche poteri contrattuali tanto sbilanciati.

d. Catalano e Loderingo: la terzietà tradita?

Nell'immaginario collettivo nazionale chi intenda esemplificare una lotta tra gruppi e/o fazioni fa istintivamente riferimento ad un clima da "guelfi e ghibellini".

In realtà queste due parole hanno origini lontane dal paese divenendo quelle che noi abbiamo conosciuto dai libri scolastici o dalle nostre letture in seguito a successive approssimazioni.

Nel XII secolo, molto prima del grande conflitto tra papato ed impero, in Germania, nel contesto di lotte dinastiche scatenatesi per la successione all'imperatore Enrico v morto senza eredi, si fronteggiarono il casato di Baviera dei Welfen ed il casato di Svevia degli Hohenstaufen, signori del castello di Waiblingen.

I Welfen ed i loro alleati scelsero quale Re di Germania Lotario di Supplinburg (Lotario III) cercando la legittimazione della Chiesa. Successivamente il trono di Germania, con l'elezione di Corrado duca di Franconia (Corrado III), fu ad appannaggio dell'alleanza costruita intorno ai duchi di Svevia, contrari a cercare qualunque avallo della Chiesa, considerandola un'ingerenza.

Si racconta, nella tradizione, che nella battaglia avvenuta sotto le mura di Weinsberg, odierna città di Hilbronn, siano risuonati gridi di battaglia riconducibili a Welf (da cui la parola Guelfo) da una parte, e Waiblingen, dall'altra (da cui la parola ghibellino).

La successiva elezione ad imperatore di Federico I Hohenstaufen (conosciuto come Federico Barbarossa) determinò sul fronte interno il prevalere di quella componente e, sul fronte esterno, un'involontaria "esportazione" dei termini nella penisola italica in quanto l'imperatore fu molto deciso nel voler riaffermare la supremazia imperiale anche sulla moltitudine di Comuni che caratterizzavano la sua parte settentrionale.

Questa differenza d'intendere il ruolo ed il rapporto con il papato fu una delle molte ragioni che alimentarono alleanze ma soprattutto divisioni, frizioni, contese. Talvolta un Comune scelse la protezione papale perché la città rivale aveva scelto la protezione imperiale.

I comuni, realtà vive ma conflittuali, non furono in grado di garantire ai loro cittadini pace e sicurezza e, come abbiamo visto in altra parte del libro, ordini religiosi mendicanti ed itineranti ed organizzazioni di emanazione religiosa, contaminate dai temi della quotidianità ed aperte a crescenti collaborazioni laicali, manifestarono sensibilità per il tema della pacificazione delle molte contese, utile anche alla domanda di sicurezza dei contesti comunali.

In questo contesto nel Comune di Bologna, che prevedeva già nel proprio statuto "le Charte pacis", nacque una confraternita che aveva nelle proprie regole istitutive una particolare attenzione alle eventuali controversie fra confratelli e/o alle controversie più ampie quali i tumulti. Lo statuto della confraternita, approvato dalla curia vescovile ed in forma di atto pubblico notarile, per volontà di sei cavalieri consentì la nascita dell'Ordine dei cavalieri di Maria Gloriosa, approvato da una bolla di papa URBANO IV e con regola scritta dal francescano Fra Rufino Gorgone. L'ordine, secondo il nuovo clima del suo tempo, poteva avere due tipi di frati: quelli che vivevano in comunità, con regola agostiniana, e quelli che potevano continuare a dimorare nella loro casa, anche contraendo matrimonio casto, ma non potendo partecipare a feste, banchetti e cariche pubbliche. Quest'ultima regola, ad onor del vero, non fu mai applicabile in quanto fecero parte dell'ordine molti importanti aristocratici coinvolti nelle vicende della vita civile cittadina. L'ordine estese rapidamente la sua presenza in più sedi tra cui Modena, Parma, Reggio, Piacenza, Mantova e Treviso.

Fra i cavalieri fondatori dell'Ordine, Loderingo degli Andalò, rampollo di aristocratica famiglia ghibellina, e Catalano dei Malavolti, rampollo di aristocratica famiglia guelfa, ricevettero successivamente prestigiosi incarichi. Loderingo degli Andalò ricoprì la carica di podestà in diverse città e, nella città di Bologna, assunse due volte la carica di rettore, mentre Catalano dei Malavolti fu podestà in diverse città romagnole, toscane nonché di Milano, Parma e Piacenza, fu capo della fanteria bolognese nella battaglia di Fossalta nonché rettore nel Comune di Bologna.

Il loro tempo in combutta con le loro storie personali stavano preparando il loro incarico comune più importante, l'incarico che avrebbe cambiato le loro vite, il futuro dell'ordine ed avrebbe consentito loro un imperitura memoria.

Correva l'anno del signore 1266 e, in seguito alla morte di Manfredi nella battaglia di Benevento, la componente guelfa poteva avere nuove possibilità anche a Firenze. Il pontefice Clemente IV e Carlo D'Angiò erano due alleati di grande peso: a loro mancava soltanto un piano.

Il piano fu messo a punto.

Si cominciò con uno scambio: il Papa revocò la scomunica che pendeva sulla città in cambio della possibilità di far rientrare in città gli esuli guelfi. Poi arrivò la proposta di mediatori che facilitassero il rientro e la normalizzazione dei rapporti fra i rappresentanti delle due fazioni. I mediatori dovevano essere due: uno di estrazione guelfa ed uno di estrazione ghibellina, in modo che la scelta paritetica avesse al tempo stesso la terzietà necessaria e la rappresentatività per tranquillizzare ciascuna delle rispettive partigianerie.

Il Conte Guido Novello, ghibellino che governò la città forte di millecinquecento cavalieri tedeschi inviati dall'Imperatore, si rese conto che la sospensione delle libertà comunali ed i pesanti tributi imposti per il mantenimento dei mercenari non potevano avere lunga vita senza segnali di coinvolgimento o di accordo con le componenti che rappresentavano l'industria ed il commercio fiorentino. In questa logica aveva richiesto prima, ed accettato poi, di buon grado, l'idea dei due podestà non fiorentini ma in grado di rappresentare le due fazioni.

Loderingo degli Andalò, ghibellino e Catalano dei Malavolti, guelfo, anche alla luce della loro esperienza parvero essere, agli occhi del pontefice, le migliori scelte possibili. Loderingo e Catalano però, proprio alla luce della loro esperienza, ebbero immediatamente delle perplessità sulla loro reale libertà e autonomia d'azione, tanto che chiesero di essere esonerati. La loro richiesta non fu ascoltata, anzi, il pontefice impose loro l'accettazione della nomina "sub virtute obedientie".

Il 12 maggio 1266 Loderingo degli Andalò e Catalano dei Malavolti, con nomina papale, furono nominati Rettori al governo provvisorio del Comune di Firenze ed il 1 luglio dello stesso anno iniziarono il loro mandato.

I due rettori, forti del mandato loro assegnato, misero mano al governo della città istituendo un consiglio di trentasei buoni uomini, anziani, scelti tra guelfi e ghibellini, tra nobili e cittadini comuni. Il Consiglio dei trentasei, a sua volta, ristabilì l'antica divisione dei cittadini in dodici corporazioni d'arti e mestieri: sette maggiori e cinque minori. Il conte Guido Novello comprese subito che tale scelta non favoriva la sua fazione, tanto che si vide rifiutare una richiesta di aumento dei tributi per i suoi mercenari. Il malcontento ghibellino sfociò in un tentativo di sciogliere il consiglio dei trentasei sventato dal popolo che sotto la guida di Giovanni dei Soldanieri riuscì ad impedire di soccombere sotto l'urto della cavalleria ghibellina e, sotto una fitta sassaiola, lasciò Firenze dopo essersi fatto consegnare le chiavi della città ed una scorta.

Se ne pentì subito e la mattina dopo tentò un colpo a sorpresa attaccando la città. I fiorentini a porte chiuse e con un buon presidio delle mura resistettero e al Conte Guido Novello non restò che ritirarsi in Casentino.

Il popolo comprese che, in un solo colpo, poteva sbarazzarsi anche dei due rettori scegliendosi un nuovo capitano ed elesse capitano Pietro Bernardi di Orvieto.

I due rettori non più graditi ai ghibellini, non più utili ai guelfi, che con il consiglio dei trentasei erano rientrati in organismi comunali di rappresentanza politica, non più utili al popolo che aveva la sua figura di riferimento, persero anche la fiducia del pontefice che si affrettò ad inviare a Firenze il legato pontificio Elia Peleti, canonico di Beauvais.

Mentre Loderigo degli Andalò e Catalano dei Malavolti uscivano per sempre di scena dalla storia di Firenze il nuovo capitano ed il Consiglio dei trentasei stabilirono i termini della pacificazione fra guelfi e ghibellini, prevedendo, fra l'altro, matrimoni tra famiglie nemiche.

Anche questa pacificazione era destinata a durare poche lune: Carlo D'Angiò inviò ottocento lancieri francesi al comando di Guido di Monforte che il giorno di Pasqua del 1267 entrarono trionfalmente a Firenze.

Nel Comune di Firenze i ghibellini vennero esiliati e l'insieme dei loro beni confiscati consentirono la costituzione di "un monte di parte guelfa" che per quasi due secoli rappresentò uno stato nello stato con propri capitani, un consiglio generale ed un consiglio segreto, il tutto per sorvegliare, ricercare e combattere i ghibellini.

Quanto ai due ex rettori Loderigo degli Andalò e Catalano dei Malavolti dopo un ultimo incarico nella città di Bologna, si ritirarono nell'eremo di Ronzano dove a pochi anni di distanza l'uno dall'altro morirono e furono sepolti. Se la loro pace eterna non è stata disturbata certamente il loro ricordo terreno è stato segnato dalla citazione dantesca che li colloca all'Inferno tra gli ipocriti

Il viandante che si trovi a transitare nella salita dell'osservanza, appena fuori dal centro della città di Bologna, incontrerà facilmente l'eremo di Ronzano. Un piccolo convento di campagna situato su una collina che domina la città, immerso tra querce, cipressi, tigli, abeti ed ulivi, cresciuto intorno al chiostro formato a triportico.

La condanna ai pacificatori bolognesi ritengo sia stata emblematica di un costume culturale incline alla mistificazione.
Il sommo poeta considerò ipocriti i pacificatori che secondo i fatti, verosimilmente trasmessi dalla storia, hanno invece svolto il loro compito che, in un contesto avvelenato di faziosità,

> *non sarebbe stato facile svolgere in modo molto diverso da come è probabilmente avvenuto.*
>
> *La terzietà dei pacificatori non pare essere stata tradita ma strenuamente difesa, infatti ha consentito la restituzione della città alla sua gente, alle forze reali in campo, ad una inclinazione civica forte che diviene anche senso d'appartenenza altrettanto forte.*
>
> *Regole il più possibile condivise, spazio alle forze reali della società e concreti tentativi di pacificazione tra fazioni rappresentano un risultato che il gioco delle parti, riappropriandosi del loro conflitto, potevano concorrere a determinare.*
>
> *Se fosse stato possibile rivolgermi al sommo poeta, sottovoce, mi sarei permesso di affermare che nel suo giudizio su Loderigo degli Andalò e Catalano dei Malavolti "più della realtà potè la partigianeria".*

e. Il tardivo tentativo negoziale di Ratisbona

Il 31 ottobre 1999, giorno in cui i protestanti celebrano la festa della riforma, nella città tedesca di Augusta (Augsburg) in Baviera, una delle città simbolo del storia della religione protestante, durante una liturgia ecumenica nella chiesa di Sant'Anna, il delegato della Chiesa cattolica, cardinal Edward Idris Cassidy ed il delegato della chiesa luterana, vescovo Christian Krause hanno sottoscritto una dichiarazione congiunta sulla dottrina della giustificazione con allegato un documento in cinque punti, frutto di un confronto che ha occupato non meno di trent'anni.

L'accordo di Augusta, da taluni considerato un documento cruciale e da qualcun altro uno dei tanti accordi di facciata, contiene una storica ammissione "l'insegnamento della chiesa luterana presentato in questa dichiarazione non è colpito dalle condanne del Concilio di Trento. Le condanne delle confessioni luterane non colpiscono l'insegnamento della Chiesa Cattolica

Romana così come esso è presentato in questa dichiarazione" ma soprattutto ha radici molto profonde e lontane nel tempo.

Andiamo a cercarle insieme.

Quando Martin Lutero il 31 ottobre del 1517 pubblica le sue tesi sono davvero in pochi a credere e, meno che mai a sperare, che sia l'inizio di un cammino di affrancamento della chiesa evangelica dalla Chiesa cattolica romana.

Martin Lutero, nel 1518 invoca un Concilio che dirima i suoi contrasti con il Papa, la proposta trova il consenso di numerosi principi tedeschi e di Carlo V, ma l'assoluta contrarietà di Papa CLEMENTE VII.

Il suo successore, PAOLO III convoca l'atteso Concilio, prima a Mantova poi a Vicenza, senza risultati tangibili. La chiesa cattolica romana prima convoca, poi richiama e poi scomunica Martin Lutero.

L'imperatore Carlo v ha il presentimento che non sarà una questione da poco e, pochi anni dopo, alla sua prima Dieta riunita a Worms (1521) esprime con chiarezza i concetti dell'indivisibilità del territorio imperiale e della difesa della religione della propria famiglia, e d'ora in poi cercherà di affrontare la questione del rapporto cattolici e protestanti tenendo ferme due posizioni:

- gestire gli effetti giuridici, politici ed economici del propagarsi dei protestanti;

- facilitare un colloquio tra i teologi delle due parti nella speranza di una reale riconciliazione.

È cosi convinto della bontà della strada intrapresa che anche alla seconda Dieta, riunita ad Augusta (1530), affronterà la possibilità di due opzioni:

- sottoporre la questione ad arbitri;

- la convocazione di uno specifico consiglio;

ma nel frattempo occorreva mettere in sicurezza gli effetti del propagarsi della religione protestante nel territorio dell'Impero.

La Dieta di Augusta prova ad essere dura con i principi tedeschi chiedendo che gli edifici dediti al nuovo culto ed i ministri del culto passati alla Chiesa protestante rientrino nella disponibilità della Chiesa cattolica. L'ultimatum produce gli effetti contrari: la prefigurazione di sanzioni legali diffuse e a scadenza ravvicinata riuscì ad unire le città interessate che riunitesi a Smalcalda (1531) dettero vita alla Lega di Smalcalda.

Per fronteggiare la montante forza turca Carlo V ebbe bisogno anche degli eserciti dei principi della lega di Smalcalda, una buona ragione per temporeggiare ancora sull'altro fronte.

Il Papa intanto continuava ad esitare sulla convocazione di un Concilio ed allora Carlo v ruppe gli indugi e si avviò sulla strada del tentativo di riconciliazione.

Fece avviare colloqui preparatori per la redazione di un documento base che doveva rappresentare la base di discussione del tentativo di conciliazione vero e proprio.

Ecco allora che la Corte imperiale, seppure impegnata su molti altri fronti, facilitò occasioni di confronto e di dialogo, anche clandestini, tra teologi delle due componenti: Bucero, teologo protestante e il canonico Gropper per la componente cattolica. Questi incontri preparatori cominceranno ad Hagenau, continueranno prima a Worms e poi a Ratisbona. Con questi incontri fu preparato il documento base di discussione diviso in 23 capitoli.

L'obiettivo dell'Imperatore fu chiaro: far svolgere i colloqui decisivi in concomitanza alla Dieta Imperiale convocata nel 1541 a Ratisbona, città bavarese il cui nome deriva dal celtico Radasbona.

Carlo V ebbe la consapevolezza della posta in gioco e quindi nulla fu lasciato al caso.

Carlo V ebbe la consapevolezza della posta in gioco e quindi non lasciò nulla d'intentato.

La sua Corte provvide infatti:
- *ad acquisire il documento di base della discussione* (conteneva

23 articoli ed attraversa tutti i più importanti temi: dalla creazione dell'uomo, al libero arbitrio, alla giustificazione dei sacramenti fino alla gerarchia ecclesiastica);.

- a realizzare un chiarimento che soddisfacesse le esigenze dottrinali del Papa e di Lutero;

- a convocare ufficialmente i colloqui fra le parti a Ratisbona, a margine della Dieta Imperiale;

- a individuare, con esplicita nomina imperiale, tre teologi per ogni parte:

a) Joahnn Eck, Johann Gropper e Julius Von Pfeng, teologi cattolici;

b) Martin Bucero, Filippo Melantone, Giovanni Pistorio, teologi protestanti;

- ad individuare i sei testimoni laici ed i sei testimoni religiosi (scegliendoli tutti di rango e con cariche istituzionali);

- ad affidare la Presidenza dei colloqui al Conte palatino Federico di Baviera ed al suo più importante e prestigioso collaboratore, Nicolas Perrenot signore di Granvelle;

- a chiedere al Papa che inviasse, quale legato a latere, il cardinale Gasparo Contarini che per esperienza, sensibilità e preparazione sarebbe stato in grado di rassicurare i cattolici in Germania e il pontefice a Roma.

Il legato a latere Gasparo Contarini giunse a Ratisbona e dovette lavorare con il Nunzio apostolico G. Marone, il maestro del Sacro palazzo Tommaso Badia e Gerhard Veltwick, probabile coautore del libro di Ratisbona.

Il 5 aprile 1541, presso la sede dell'antico palazzo di città, si avviò la Dieta Imperiale e, a poche centinaia di metri, il 27 aprile 1541, nei locali della torre dell'edificio della nuova pesa che si affacciava su Haid platz iniziarono i tanto attesi e preparati colloqui.

Carlo V, a dimostrazione dell'importanza riconosciuta al tentativo, decise di presenziare personalmente alle discussioni pretendendo che i rappresentati delle parti, prima di iniziare i lavori dei colloqui, fossero ammoniti a perseguire solo la gloria di Dio e dell'imperatore.

L'avvio del negoziato fu estremamente positivo soprattutto per merito del cardinale Gasparo Contarini che, contravvenendo alle direttive ricevute dal pontefice, decise di cambiare la cronologia dell'ordine degli argomenti da discutere.

Sotto la sua guida i rappresentanti delle parti evitarono d'iniziare dal punto relativo al primato del Papa e procedettero a negoziare su punti contenenti questioni condivise.

Il clima favorevole determinato dal positivo avvio dei negoziati consentì addirittura di affrontare il tema centrale del valore attribuito alla fede, derivante per i protestanti più dalla grazia divina che dalle opere materiali o dalle preghiere del singolo credente.

Il 2 maggio 1541 si raggiunse l'accordo sui primi cinque articoli: più esattamente si concordò sul concetto di carità, sulla comunione dei fedeli, sul peccato originale, sulla messa e sacramento della confessione, fu anche trovato il punto di equilibrio in materia di giustificazione, ma non si riuscì a trovare un punto di equilibrio sull'argomento della transustanziazione dell'eucarestia (che diventi o meno corpo e sangue di Cristo) e sull'autorità dei concili (che possano essere o meno in materia di fede) e la discussione si arenò soprattutto sui temi relativi al pontefice ed alla gerarchia ecclesiastica.

Di fronte all'impasse i negoziatori richiesero l'intervento delle massime autorità di ciascuna parte.

Lutero nel documento presentatogli introdusse decisive modificazioni che, riconfermando le affermazioni dogmatiche, delegittimavano l'opera svolta dai negoziatori di parte protestante. Il Papa, dalla sua, non gradì questi irrigidimenti e subì forti pressioni dal Cardinal Carafa in senso contrario.

La formula sulla giustificazione, tanto faticosamente evangelica nel suo pensiero ma teologico e cattolica nel testo, l'errore di diffondere il testo concordato per alimentare le speranze della parte di delegazione a lui più vicina, violando così il vincolo dell'assoluta riservatezza del contenuto del negoziato, ma soprattutto, l'essere andato oltre i limiti del mandato conferitogli dal Pontefice, approvando degli articoli senza il suo preventivo consenso, fece vacillare la sua legittimazione ma soprattutto la sua autorevolezza anche nei confronti dell'imperatore, Infatti quest'ultimo, deciso a perseguire il suo obiettivo con una dichiarazione segreta, concesse ai protestanti che il testo concordato rimanesse valido fino all'auspicato concilio generale.

Gaspero Contarini, certamente non aiutato nel delicatissimo e tardivo tentativo di cercare di riuscire a far camminare davvero il dialogo tra gli attori, commise degli errori procedurali ma soprattutto non comprese, fino in fondo, quanto tempo era già passato dal documento di Lutero a Wittenberg (oltre 20 anni prima), e quale peso e quale segno avevano lasciato nella storia degli uomini, delle donne e dei popoli, le due diete di Spira e di Augusta, gli scontri armati e le centinaia di migliaia di morti.

> *Difficile avvicinare un conflitto così lacerante.*
> *Quale negoziatore può tentare di varcare la soglia dei principi, dei dogmi e dei comandamenti, meno che mai può tentare di farlo quando quel conflitto ha già scavato, lacerato, allontanato uomini e donne d'ogni gruppo e ceto sociale?*
> *Il tentativo dei colloqui di Ratisbona poteva riuscire?*
> *Vi furono le premesse metodologiche ed organizzative, vi fu nella cancelleria imperiale la percezione della posta in gioco, vi fu una volontà, non solo di facciata, di cercare prima di tutto di capire che cosa davvero legittimasse quella lacerazione e come poi potesse essere gestita.*
> *A Ratisbona s'incontrarono la volontà, la speranza e le sensibilità adatte a quel tempo così fluidamente irrequieto, ma le prigionie di ruolo, i riti delle autorità costituite, la necessità e/o l'utilità di difendere comunque da una parte e cercare comunque di reinterpretare dall'altra travolsero anche ciò che si poteva provare a gestire.*

> *La morte ravvicinata del Cardinale Gaspero Contarini è essa stessa una lezione ai negoziatori perché non si facciano coinvolgere troppo profondamente da conflitti la cui gestione non potrà mai dipendere solo dal loro agire.*
> *Il resto lo hanno fatto il susseguirsi degli eventi con la loro difficile missione di inseguire le singole energie dell'uomo, delle sue produzioni intellettuali, delle sue volontà, speranze, passioni e convinzioni anche ultraterrene.*

f. Zamosc: co-mediazione per un ostaggio di riguardo

In quella sterminata pianura che chiamiamo Polonia, imperversarono i temibili cavalieri dell'ordine teutonico.

La difesa comune dai cavalieri, la vicinanza, la comune facilità di accesso, la comune religione, fece si che a Krewa si suggellasse l'unione tra la Polonia ed il Granducato di Lituania su cui regnò la dinastia dei Jagellone. Proprio un re della dinastia dei Jagellone eliminò l'incubo dei cavalieri teutonici concedendo loro a "perpetua elemosina" la Pomerania.

La dinastia dei Jagellone regnò sulla Polonia per circa 200 anni e si estinse con la morte del quarto re Sigismondo Augusto. I polacchi, orfani di una dinastia ma non di loro istituzioni, si ritrovarono a dover fare i conti con il futuro ma, per loro fortuna, c'era un passato, la piccola nobiltà, che rappresentava l'ossatura del paese.

I nobili polacchi, molti, autonomi ed uniti fra loro, avevano la fierezza ed insieme la certezza di discendere dai sarmati, cioè dai primi abitatori delle loro pianure, foreste e fiumi e come tali si erano sentiti, molto tempo prima, quando avevano animato e dato vita alla sejm, la dieta dei nobili: l'assemblea tra pari e dignitari.

L'unità e la centralità dei nobili (nell'organizzazione della Polonia aveva fatto crescere la loro importanza, i privilegi di cui godevano, le inviolabilità, le garanzie rispetto dalla libertà personale, rispetto alle possibilità di non subire imposte e guerre) determinò la centralità delle loro istituzioni: le assemblee della nobiltà minore (szlachta) si articolarono in assemblee locali chiamate Diete, assemblee provinciali che eleggevano dei rappresentanti che partecipavano alla dieta di rango territoriale superiore fino a giungere alla Dieta generale (conventio magna) che assumeva le grandi decisioni.

Nel 1572, alla morte senza eredi maschi dell'ultimo Jagellone, proprio ad una di queste importantissime assemblee nazionali venne sottoposto il problema del futuro della Polonia.

La repubblica polacca era divenuta una repubblica nobiliare e come tale furono i nobili riuniti in assemblea a scegliere che il monarca fosse elettivo e a dare vita ad uno patto tra sovrano e dieta nazionale polacca per un reciproco sistema di garanzie.

I quarantamila delegati riuniti a Cracovia elessero re di Polonia Enrico di Valois ma gli chiesero anche di sottoscrivere un patto (PACTA CONVENTA) con cui il medesimo si impegnava a concedere libere elezioni, a riunire la dieta nazionale con regolarità, ma soprattutto a non esigere nuove imposte senza approvazione di quest'ultima.

Dopo una breve e fugace apparizione Enrico di Valois durata quattro mesi, la Dieta nazionale polacca elesse come re di Polonia Stefano Bathory, già voivoda di Transilvania e appoggiato dall'importante magnate polacco Jan Zamoysky che divenne infatti uno dei suoi più stretti collaboratori.

Alla morte improvvisa di Stefano Bathory, si riaprì il confronto per la sua successione.

A quel trono ritenevano di aver diritto almeno due candidati: Sigismondo Vasa, principe di Svezia e l'Arciduca Massimiliano d'Austria, fratello dell'Imperatore del Sacro Romano Impero, Rodolfo II.

Jan Zamoysky, nel frattempo divenuto Lord Cancelliere, appoggiò la candidatura del primo che nel l'agosto del 1587, anche in seguito a condizioni concordate con suoi ambasciatori e riguardanti, tra l'altro, un alleanza con la Svezia, un appoggio all'aiuto ad allargare la confederazione all'Estonia, la costruzione dei cinque fortezze sulle frontiere del regno, la cessione a vantaggio della Polonia di ogni diritto sull'eredità di Sigismondo, fu eletto re dalla Dieta nazionale, mentre il Senato scelse quale Re di Polonia l'Arciduca Massimiliano.

L'arciduca Massimiliano non accettò di dividere la corona e intendendo legittimarsi definitivamente nel novembre 1587 invase la Polonia ed alla testa di 11.000 uomini assalì Cracovia.

La città è ben difesa e attrezzata di artiglieria quindi respinse l'attacco e costrinse Massimiliano a lasciare sul campo 1.500 uomini. Il tentativo fallì ed il suo esercito fu inseguito dalla truppe del magnate polacco Jan Zamoyski.

I due eserciti si incontrano il 24 gennaio 1588 su una collina vicino a Byczyna, ed ogni parte in campo disponeva di circa 8/10 mila uomini. La giornata era freddissima, il campo di battaglia coperto di neve ed avvolto nella nebbia.

Nel breve volgere di poche ore, anche in seguito ad una riuscita manovra di attacco della cavalleria polacca, i fanti ungheresi si diedero alla fuga ed anche l'Arciduca Massimiliano ed i suoi generali furono in fuga. La cavalleria inseguì i fuggitivi ed oltre a decimarli catturò 1.500 prigionieri, tra cui l'Arciduca Massimiliano e alcuni suoi importanti collaboratori.

Il bottino recuperato dagli inseguitori fu notevole e, ad eccezione dei beni personali dell'Arciduca, venne distribuito tra i vincitori. I collaboratori dell'Arciduca Massimiliano arrestati vennero subito liberati.

L'arciduca Massimiliano invece fatto prigioniero, venne trasportato dapprima nel castello di Krasnostaw, nel voivodato di Lublino, e successivamente trasferito nella più sicura fortezza di Zamosc, sul confine con l'Ucraina.

Si aprirono immediatamente su più fronti complesse ed articolate trattative volte ad ottenere la liberazione del blasonato prigioniero.

Da parte sua l'imperatore Rodolfo II, fratello del prigioniero, attivò tutti i suoi canali ed apprese da Ascanio Geraldini, diplomatico di Casa D'Este a Praga, che a Ferrara operava un tale Abramo Colorni, che *"quasi miracolosamente sa disprigionar gli incarcerati"*. Abramo Colorni, nel più stretto riserbo, venne trasferito a Praga, ma la sua malattia nei primi mesi successivi al suo arrivo gli impedì di poter incontrare l'imperatore ed attivare il suo tentativo.

La cancelleria imperiale, il re Filippo II ed il granduca di Toscana intervennero chiedendo al Papa l'intercessione per la liberazione.

Il Re Filippo II consigliò anche l'imperatore di avviare trattative.

L'imperatore da parte sua aveva vagliato l'ipotesi di dichiarare guerra alla Polonia ed aveva chiesto ai vertici della Confederazione Polacca la liberazione come manifestazione di disponibilità al dialogo, ma non ricevette segnali in tal senso.

Il pontefice da parte sua scelse di accettare l'invito a collaborare fattivamente alla risoluzione della questione e per fare questo nominò un legato pontificio a latere nella persona del Cardinale Ippolito Aldobrandini che inviò prontamente in missione.

Il legato pontificio agì con efficacia e con alcuni passaggi a Vienna, Cracovia e Praga in pochi mesi riuscì ad esplorare le condizioni di avvio del tentativo negoziale. La Confederazione polacca richiedeva l'immediata restituzione della città di Lubowla, occupata da truppe asburgiche, nonché l'avvio di un tavolo di trattative il cui accesso doveva essere limitato a pochi commissari per ciascuna parte.

Il cardinale Aldobrandini riuscì a far accettare tali condizioni all'imperatore Rodolfo II e le trattative si avviarono dopo l'estate del 1588.

Su indicazione di re Filippo II, l'imperatore Rodolfo II inviò come suoi rappresentanti al tavolo delle trattative una delegazione composta da Vespasiano Gonzaga di Sabbioneta, Don Guglielmo De Haro di San Clemente, ambasciatore spagnolo a Praga, ed il duca di Aarchat. La trattativa fu avviata ma fu subito chiaro che era delicata e complicata.

Il potente cancelliere polacco Zamoyski, alla luce del fatto che prevaleva la volontà di una soluzione negoziale non aveva fretta ed intendeva far valere la sua posizione di forza fino in fondo.

Le trattative durarono alcuni mesi e sortirono un accordo quadro tra Austria e Polonia che prevedeva, tra l'altro, per l'Austria:

1. La rinuncia a rivendicare il trono polacco;

2. La rinuncia a future alleanze con la Russia in funzione antipolacca;

e prevedeva, tra l'altro, per la Polonia:

1. La liberazione dei ribelli polacchi;

2. La possibilità per le truppe polacche di spostarsi in territori Austriaci;

3. La liberazione dell'Arciduca Massimiliano.

L'accordo doveva soltanto ricevere l'approvazione della dieta generale che si riunì a Cracovia.

Per perorare l'approvazione dell'accordo l'Austria inviò un ambasciatore di lungo corso quale Giovanni Coblenz di Prosecco e ottenuta l'approvazione, i due paesi firmarono la pace di Beuth o Bezyn il 9 marzo 1589, e l'Arciduca Massimiliano fu scarcerato.

Il 7 luglio 1590 alcuni Ambasciatori di Sigismondo Vasa re di Polonia, guidati da Bernardo Maciejowski, giunsero al cospetto del pontefice prestando ubbidienza.

Negoziare in presenza d'ostaggi è una delle pratiche più ardue che possono toccare ad un negoziatore.
Quando poi l'ostaggio è dall'alto lignaggio e rango la questione è ancora più complicata.
In questo evento s'incontrarono e scontrarono due modi di concepire l'autorità ed il potere.

> *Da una parte un paese che, fin dalle origini del suo esistere, si scopre vulnerabile in quanto privo di difese naturali ma convintamente costruito da tanti singoli protagonisti disposti a scambiare anche l'autorità regia, dall'altra le ragioni dinastiche e pre assolutistiche di un potere che si crede spetti per sangue e lignaggio.*
>
> *Un conflitto alla sua maniera moderno che prefigura un futuro di forti stati nazionali spesso con poteri assoluti e, al tempo stesso, rappresenta la complicazione delle molte forze in campo.*
>
> *Dinastie che finiscono, prerogative regie che si contrattano, aspettative di comando che naufragano non senza furibonde lotte.*
>
> *Su tutto, ancora una volta, le ragioni della ragione, del dialogo, del negoziato a più voci che, con la somma delle esperienze, consente di trovare un punto d'equilibrio proiettato nel futuro.*
>
> *I risultati dei negoziatori possono non essere graditi all'ostaggio, quel che è certo e che sono un ottimo modo, forse il migliore, di mettere l'intelligenza dell'uomo al servizio dell'uomo, delle sue speranze, dei suoi sogni.*

g. Da Fontenoy en Puisage a Verdun: un tragitto verso l'accordo

La morte di un imperatore non è mai un evento da sottovalutare ancor meno quando l'imperatore è Carlo Magno.

Alla sua morte infatti sopravvisse un solo figlio Ludovico I il Pio che, tre anni dopo la morte del grande imperatore, non riuscì a reggere il peso dell'impero da solo e, nel rispetto della legge salica, con una *ordinatio imperi* lo divise fra i figli maschi della prima moglie Ermengarda: Lotario, Pipino e Ludovico II il germanico.

A Pipino toccò l'Aquitania e la Francia occidentale, a Ludovico II il germanico la Germania e la Baviera, a Lotario la parte centrale dell'impero che stava tra i territori assegnati ai fratelli.

Questa divisione però portava in dote troppi territori per essere lineare e pacifica infatti Ludovico I il Pio dovette dapprima assistere alla ribellione e successiva morte di Bernardo, figlio di Pipino, defunto secondogenito di Carlo Magno, ma soprattutto, subì le forti pressioni della sua seconda moglie Giuditta di Baviera per includere nella divisione anche il loro figlio Carlo II il Calvo. Ludovico I il Pio acconsentì ad includere Carlo II il Calvo nella divisione e gli assegnò l'Alsazia, la Rezia e parte della Borgogna, sottraendole a Lotario.

Le scelte di un patriarca non si discutono al suo cospetto o durante la sua vita ma le stesse possono alimentare, nei futuri eredi, frustrazioni, ambizioni e/o aspettative non soddisfatte, speranze di nuovi e/o diversi equilibri.

Anche in questa situazione regnò una calma apparente fino alla morte di Ludovico I il Pio avvenuta poco più di un anno dopo il riparto dei territori.

Carlo II il Calvo e Ludovico II il germanico, con una tipica dinamica della dimensione conflittuale multiparti, si trovarono naturalmente alleati nel considerarsi danneggiati da Lotario destinato anche a fregiarsi del titolo imperiale.

Lotario, dopo la morte di Ludovico I il Pio, dichiarò che tutte le terre dell'impero erano soggette al suo potere; in seguito a questo annuncio il fratello ed il fratellastro ruppero gli indugi ed avviarono una vera propria conta fra i vassalli preparandosi alla prova di forza.

La prova di forza avvenne a Fontenoy en Puisage il 25 giugno 841 dove circa 300.000 uomini si diedero battaglia provocando non meno di 40.000 morti: in quel luogo un obelisco ricorda ad imperitura memoria il terribile evento bellico.

Lotario fu sconfitto ma non sbaragliato e quindi la resa dei conti sembrò solo rinviata.

Ma il fratello e il fratellastro non ancora soddisfatti compresero che poteva essere tentata un via negoziale e non tardarono a chiedere una riconciliazione al fratello Lotario. L'incontro avvenne ad Auxerre sulla tomba di San Germano, amatissimo santo locale.

Il passo successivo fu un accordo intermedio tra Carlo II il Calvo e Ludovico II il germanico destinato:

- a garantirsi reciprocamente sulla loro affidabilità e credibilità negoziale;

- ad accrescere il loro potere contrattuale nei confronti di Lotario.

L'accordo intermedio, passato alla storia come il giuramento o i giuramenti di Strasburgo (Sacramenta Argentariae), si realizzò sotto una tormenta di neve nella gelida giornata di San Valentino dell'anno 842.

Cosa accadde davvero ?

Gli scritti del cronista Nitardo ci consentono di raccontare che per la presenza di Carlo II il Calvo e Ludovico I il germanico schierati con i propri eserciti l'uno di fronte all'altro, il silenzio innevato della piana di Strasburgo fu interrotto da quattro giuramenti realizzati ad alta voce.

Prima giuraroro Carlo II il Calvo e Ludovico I il germanico pronunciando un preambolo in latino e procedendo poi a pronunciare, ciascuno leggendo un testo scritto nella lingua dell'altro (Ludovico I il germanico di lingua germanica giurò in francese e Carlo II il Calvo di lingua francese giurò in volgare germanico) al fine di essere ben compresi anche da tutti i soldati, la seguente formula:

"Per amore di Dio e per il popolo cristiano e per la nostra comune salvezza, da qui in avanti, in quanto Dio mi concede sapere e potere, così aiuterò io questo mio fratello e in aiuto e in qualunque cosa, così come è giusto, per diritto, che si aiuti il proprio fratello, a patto ch'egli faccia altrettanto nei miei confronti, e con Lotario non prenderò mai alcun accordo che, per mia volontà, rechi danno a

questo mio Fratello"

Subito dopo toccò ai singoli eserciti che procedettero a recitare, a loro volta, con la medesima distinzione di lingua, la seguente formula:

" *Se Ludovico/Carlo mantiene il giuramento fatto a Carlo /Ludovico e Carlo/Ludovico, mio signore da parte sua non lo mantiene, se io posso da ciò distoglierlo, né indurre qualcuno a farlo, non gli sarò di nessun aiuto contro Carlo/Ludovico".*

Sono chiare le ragioni negoziali di tale scelta, le ragioni giuridiche invece ruotarono intorno al fatto che un istituto, naturalmente unilaterale, aveva assunto, in tal modo, una struttura bilaterale e sinallagmatica rafforzata dalla presenza di una pluralità di testimoni.

Il forte legame relazionale preesistente uscì accresciuto dal "patto di san Valentino" rendendo i due alleati più forti nei confronti e per i rapporti con Lotario.

Il clima di riconciliazione e la solida alleanza tra Ludovico II il germanico e Carlo II il Calvo consentì ai coeredi di fare un altro passo avanti.

Un giovedì del mese di giugno dell'842 infatti i tre coeredi, accompagnati ciascuno da dodici fiduciari, si diedero convegno sull'isola Ansilla del fiume Saona all'altezza della città di Macon.

Le tre delegazioni si riunirono ed operarono su un testo predisposto da un gruppo ristretto di fiduciari ed indicava due proposte:

1. la disponibilità ad un giuramento sulla reciproca conservazione della pace per il futuro;

2. la scelta della divisione dell'insieme dei territori dell'impero in tre parti, per quanto possibile uguali, da effettuare da Lotario.

Il documento, condiviso dalle delegazioni presenti, spalancò le porte alla stesura delle condizioni generali e definitive dell'accordo fra i coeredi.

I lavori di stesura dell'accordo definitivo furono rinviati al 14 di novembre dello stesso anno a Coblenza ed assegnati a tre delegazioni composte ciascuna di quaranta fiduciari.

In tale sede fu stabilito, preliminarmente, che il clima di fiducia consentisse:

1. di evitare la presenza di ostaggi a garanzia del rispetto dei patti;

2. di attivare precauzionalmente una separazione delle delegazioni che vivevano nella città di Coblenza per il periodo delle trattative, le delegazioni dei fiduciari di Carlo e Ludovico furono allocate sulla riva orientale del Reno mentre quella di Lotario fu allocata sulla riva occidentale.

Le delegazioni s'incontrarono per la stesura del contenuto definitivo del trattato nella basilica di San Castore di Coblenza. La Basilica non fu scelta a caso infatti si trattava di una Basilica carolingia consacrata solo cinque anni prima alla presenza di Re Ludovico I il Pio.

Il lavoro procedette spedito segnando il passo solo quando si trattò d'individuare ed elencare i territori oggetto di divisione che, di comune accordo, fu delegato a vescovi.

Lotario, quando le indicazioni dei territori gli furono fornite, procedette all'individuazione delle tre parti riconoscendo a Ludovico II il germanico la parte orientale, a Carlo II il Calvo la parte occidentale ed a se stesso la parte mediana.

I tre re, coeredi, fratelli e/o fratellastri s'incontrarono nell'agosto dell'anno 843 a Verdun e sottoscrissero il testo definitivo del trattato.

I fatti narrati ci consegnano una pagina decisiva della storia della costruzione dei paesi che oggi chiamiamo Francia e Germania anche di quella che oggi chiamiamo Europa.
Gli stessi fatti ci indicano:
- la complessità della dimensione conflittuale multiparti;
- le ragioni del dialogo, senza nasconderci la tentazione delle scorciatoie rappresentate dalle prova di forza.

> *Ma soprattutto ci consentono di osservare come le possibilità del confronto, del dialogo e della costruzione di decisioni condivise possono, ma ancor meglio debbono, essere concepite prima di tutto come un tragitto, che passa anche attraverso accordi sul "come procedere" o su altre questioni rilevanti, utili o necessarie alla conservazione ed al proseguimento dell'autogestione del conflitto.*
>
> *I rapporti di forza, le alleanze temporanee, la conoscenza delle prigionie dei singoli ruoli, il rispetto delle decisioni intermedie comuni, i luoghi ed i gesti simbolici sono tutte variabili che devono trovare spazio nel dispiegarsi di cammini di riconciliazione tra uomini, interessi e poteri.*

h. L'accordo delle tre corone

Il viandante che si trovi a transitare nel sud della Svezia, nella località Sjoared, tra il villaggio di Knared del comune di Laholm ed il Comune di Markaryd, si imbatte in una stele commemorativa di un trattato, denominato "Trattato o Pace di Knared" firmato il 19 gennaio 1613, che, anche per mezzo di un prezioso lavoro di diplomatici, negoziatori e mediatori, stabilizzò una stagione di burrascose relazioni fra Danimarca e Svezia.

Se poi il viandante, anche per rispondere alle domande del proprio figlio, si scoprisse sufficientemente curioso ed intendesse conoscere cosa è davvero successo, incontrerebbe una complessa vicenda iniziata oltre due secoli prima della firma del trattato.

La sua volontà di capire crescerebbe e le ricerche lo condurrebbero probabilmente a conoscere gli eventi che cercherò di raccontarvi.

In principio era l'unione politica degli Stati scandinavi, un caso senza precedenti nella storia.

Il re di Norvegia Haakon VI nel 1363 sposò Margherita, figlia del Re di Danimarca Valdemaro IV. Alla morte del padre fu nominata reggente per il figlio minore Olaf. Margherita sopravvisse alle premature morti del marito e del figlio divenendo regina di entrambi i paesi con il nome di Margherita I. Solo due anni dopo appoggiò tangibilmente una rivolta di nobili svedesi, intenti a liberarsi del loro re Alberto di Mecleburgo, e avendo concorso a sconfiggerlo, fu proclamata anche regina di Svezia.

Margherita I contemporaneamente regina di Norvegia e Svezia e reggente del trono di Danimarca, capì prontamente che sarebbe stato più facilmente accettato, dai tre stati, un Re comune e propose il suo bisnipote Eric di Pomerania, riservandosi il ruolo di reggente fino alla sua maggiore età.

Propose altresì che tale scelta rappresentasse anche un tentativo articolato di Unione dei tre stati, con rinuncia delle loro sovranità ma non anche delle loro indipendenze e quindi, il mese di giugno 1397, convocò i Consigli di gabinetto dei tre stati nel possente castello svedese di Kalmar, splendido maniero del XII secolo affacciato sul mar baltico, anche simbolicamente importante in quanto luogo in cui le truppe danesi e svedesi avevano sconfitto Alberto di Mecleburgo.

Il 17 luglio 1397, con una solenne cerimonia, nacque quindi l'Unione di Kalmar, sulla base di tanti impegni verbalmente assunti, ma senza che un vero atto scritto di Unione fosse redatto e sottoscritto dai rappresentati dei tre Stati.

Questo rese più semplice a Margherita I:

- rafforzare il potere reale;
- lasciare vacanti gli incarichi apicali dell'Unione;
- gestire l'Unione attraverso gli Ufficiali di Corte danesi o comunque con persone di sua fiducia;
- servirsi di stranieri nell'amministrazione del Regno;
- ridurre le proprietà dei nobili;
- subire una crescente egemonia della lega anseatica sulle coste dei tre paesi;
- ridurre il ruolo di Norvegia e Svezia.

Naturalmente Svezia e Danimarca compresero tali limiti e mantennero in carica e funzionanti i loro Consigli segreti.

Le continue lotte di potere tra Danimarca e Svezia, che mal sopportava la centralizzazione del potere, le continue guerre della Danimarca contro Schleswig, Holstein, Mecleburgo e Pomerania che mettevano a repentaglio anche gli interessi economici svedesi, prima, e l'improvvisa morte di Margherita I il 28 ottobre 1412, a bordo della sua nave nel porto di Flensburg, poi, facilitarono la fine di fatto dell'aggregazione tra Stati.

Gli svedesi, colsero l'occasione e scelsero un loro re nella persona del Karl Knutsson Bonde, che salì sul trono con il nome di Carlo VII.

La reazione danese, da parte del Re Cristiano II, non si fece attendere e fu durissima: passò attraverso l'eliminazione di tutti i capi della rivolta di minatori e contadini e con il tentativo, ancora più truculento, di eliminare con la congiura e l'inganno, la parte della classe dirigente svedese anti unionista.

Cristiano II, dopo aver fatto eliminare Sten Sture il giovane, leader degli antiunionisti, organizzò la congiura che fu orchestrata a Stoccolma.

La congiura si nascondeva dietro un apparente grande festa di palazzo, successiva all'incoronazione di Cristiano II avvenuta il 4 novembre 1520 nella chiesa StorKyrkan di Stoccolma. Il banchetto successivo, che doveva durare tre giorni, riservò la sorpresa della congiura nella serata del secondo giorno. Infatti molti dignitari e detentori di cariche furono convocati a palazzo per una improvvisa riunione e, all'alba del giorno successivo, irruppero i soldati danesi che arrestarono tutti i presenti. Il giorno successivo un'assemblea presieduta dall'Arcivescovo Gustav Trolle, fervente unionista, condannò a morte tutti gli arrestati con l'accusa di eresia.

Il 10 novembre 1520 ottantadue svedesi, tutti nobili o titolari di cariche: vescovi, borgomastri, consiglieri del Comune di Stoccolma o di altri comuni, furono condannati a morte ed immediatamente annegati o decapitati.

Quest'ultimo evento, noto come "il massacro di Stoccolma", scavò un profondo solco fra i due paesi.

Gli svedesi, poco meno di tre anni dopo, si ripresero Stoccolma e Gustav Vasa, discendente dell'antico re svedese Svenker II, fu eletto Re, introducendo il principio della ereditarietà della corona svedese.

Venuta meno l'unicità del regno delle tre corone, ma sopratutto venuta meno la volontà di collaborare tra Danimarca e Svezia, le ragioni economiche, prima ancora di quelle politiche, fecero accrescere il clima di tensione fra i due stati.

Per la Svezia il mar baltico era l'unica possibilità di commerciare per mare senza dover pagare i dazi danesi di uscita dallo stretto di Oresund, dall'altra la Danimarca vide calare i dazi di passaggio dal Kattegat, dopo che la Svezia ebbe occupato il Nord della Norvegia.

L'antica unità tradita, i tentativi cruenti utilizzati dalla Danimarca per sottomettere la Svezia e le nuove ragioni commerciali fecero prevalere i venti di guerra, malgrado le pressioni diplomatiche.

Negli anni 1611 e 1612, seppure con fasi alterne, si susseguirono invasioni, assedi, battaglie di mare e di terra, note come la guerra di Kalmar, in cui lo stesso maniero sul territorio svedese che aveva ospitato la cerimonia della nascita dell'Unione di Kalmar fu assediato e sottratto agli svedesi.

Durante la guerra molti soggetti si proposero di svolgere le funzioni di mediatori: la lega Anseatica, gli olandesi, il Palatinato, l'Assia ed il Brandeburgo, tutte senza esito favorevole. Le pressioni internazionali però continuarono ed ebbero la meglio: troppi soggetti importanti (Inghilterra, Olanda, Lega Anseatica ecc), avendo necessità della pace, consigliarono i due stati d'intraprendere la strada del dialogo e del negoziato.

Giacomo I, Re d'Inghilterra, passò dalle parole ai fatti con due inviati: James Spens, diplomatico scozzese, e Robert Anstruther.

Il 29 novembre 1912 la via della gestione pacifica del conflitto fu avviata.

A dimostrazione dell'importanza che entrambi i paesi riconobbero a questo negoziato, le delegazioni negoziali paritetiche annoverarono personalità di grande potere, prestigi e piena capacità negoziale.

La delegazione svedese, che soggiornò ad Ulsback ed informò il Re di Svezia a Varnamo,fu guidata da Axel Oxenstierna, Cancelliere del Regno ed ascoltassimo consigliere del Re, accompagnato da tre autorevoli membri delle più alte cariche statali: Nils Turesson Bielke, Gustav Stenbock ed Henrik Horn.

La delegazione danese, che soggiornò a Knared ed informò il Re di Danimarca ad Halmstad, fu guidata dal Lord cancelliere Christian Friis e da tre componenti del Consiglio della Corona: Mandrup Parsberg, Axel Brahe e Eske Brok.

Lo scenario negoziale fu un ponte di pietra su un piccolo fiume che rappresentava un posto di confine; sul ponte una pietra quadrata funse da tavolo e su i due lati del torrente furono poste le tende per le delegazioni ed altri inviati.

Tutto cominciò con una stretta di mano e la mutua accettazione di alcune questioni procedimentali.

I primi tre incontri consentirono agli svedesi l'accettazione delle richieste provenienti dai danesi, nel quarto incontro i danesi alzarono la posta in gioco, dal quinto incontro i mediatori inglesi intervennero concretamente nel negoziato, facilitando una conciliazione delle proposte in campo.

L'ultima questione rimaneva l'entità del riscatto che la Svezia aveva accettato di riconoscere alla Danimarca, ma anche per questa questione fu trovato un punto d'equilibrio.

Le delegazioni, in presenza dei due mediatori, solo 53 giorni dopo l'inizio del negoziato sottoscrissero l'accordo ed il cinquantaquattresimo giorno, il 20 gennaio 1613, si scambiarono le copie del trattato firmato dai rappresentanti di entrambe le parti.

Il contenuto dell'accordo fu molto chiaro:

IMPEGNI O CONCESSIONI DELLA DANIMARCA	IMPEGNI O CONCESSIONI DELLA SVEZIA
- concessione dell'utilizzo delle tre corone nello stemma;	- rinuncia alla pretese sul forte di Soneburg nell'isola di Saaremaa;
- esenzione dei dazi doganali portuali (ad esclusione delle bevande alcoliche); - Kalmar e Oland sono riconsegnate agli svedesi; - gli abitanti di Alvsborg sono soggetti al diritto svedese e la nobiltà ha diritto di partecipare al parlamento svedese.	- rinuncia alla sovranità sui territori da Titisfjord a Varangerfjord; - impegno a non interrompere il commercio dei porti polacchi nei paesi baltici, - impegno a restituire le province di Jamtland conquistate in guerra; - si impegna a versare un milione di dollari d'argento entro sei anni (gennaio 1619), e, in caso di mancato pagamento nei termini consegnerà alla Danimarca le contee di Savedal, Askim, Hising, Bollebygod, Ala, Vattle e Flundre, New lodose, Old Lodose e Goteborg.

Nel mese di aprile 1613 furono scambiati i documenti di ratifica.

Quanto all'entità dell'indennizzo, ricordato dagli storici come *"il riscatto di Alvsborg"*, la Svezia, spostando il centro della commercializzazione del proprio rame da Lubecca ad Amsterdam, ottenne un prestito necessario a pagarlo, stupendo anche i danesi convinti che la Svezia non sarebbe stata in grado di onorarlo nei termini.

L'esperienza nordica ci trasmette molte indicazioni.
Ci racconta che società strutturalmente simili ma con

dinamismi espansivi diversi sono destinate, inevitabilmente, a confliggere per rispondere a nuove e diverse sfide.

Ci racconta che un contesto favorevole, la volontà di negoziare, delegazioni negoziali articolate e munite dei poteri necessari, l'aiuto di buoni mediatori, sono condizioni che rendono raggiungibili risultati negoziali talvolta impensabili ed inattesi.

Ci insegna anche che la coesistenza di volontà e metodo aggiungono ai processi negoziali efficacia e rapidità, anche in presenza di necessità consultive disagevoli.

Ci conferma, ancora una volta, che le ragioni del dialogo e del negoziato, seppure dietro le quinte della storia, hanno consentito agli uomini di scrivere un'altra pagina di dinamico sviluppo, di libertà e di tolleranza, in un contesto di relazioni capaci di costruire futuro.

i. L'accordo del Regno, dei mari e delle città

Là dove il mare del nord, incuneandosi per lo Skagerrak ed il passaggio Kattegat, bacia il mar Baltico, con i suoi quattro golfi di Botnia, Finlandia, Riga e Danzica, si staglia una penisola che da secoli chiamiamo Danimarca.

Quella penisola costituisce un naturale ed ideale ponte tra la penisola scandinava ed il continente europeo.

Il regno di Danimarca, nel tempo dei fatti che mi accingo a narrarvi, era diviso in tre parti legislativamente autonome: lo Jutland con l'isola Fionia, le isole Sjaelland (Sajelland, Mon, Falster e Lolland) e le regioni della Scania e dominava l'intera costa meridionale del Baltico, dalla frontiera tedesca al golfo di Danzica nonché l'Estonia settentrionale.

Dal 1332, anno della morte del Re Cristoforo II, il Paese rimase senza re fino al 1340, quando salì al trono il figlio Valdemaro IV detto Atterdag, che sviluppò una vigorosa politica centralistica.

L'amministrazione del paese, ai tempi della dinastia dei Valde-mari, era affidata a tre funzionari: il Drost, che curava le entrate dello Stato ed i beni della Corona, il Marsk, che guidava l'esercito, il Kansler, capo della Cancelleria dello Stato e, le decisioni più importanti, venivano assunte da un assemblea di alti dignitari e nobili, il Danehof, che in seguito ad un forte contrasto fra nobili e Corona doveva essere convocata almeno una volta ogni anno.

Valdemaro IV procedè a riorganizzare il suo regno, si liberò dei territori estoni di Harria e Vironia ceduti all'Ordine teutonico al prezzo di 19.000 marchi, occupò la Scania, attaccò l'isola di Gotland conquistandone la capitale Visby (che si consegnò agli occupanti senza opporre resistenza) senza revocare i privilegi commerciali e la possibilità dei singoli commercianti locali di aderire alla lega Anseatica.

Il Re danese provò anche a trattare con i rappresentanti della lega Anseatica ma non trovò spazio per le sue richieste.

La lega Anseatica, o ancora meglio le singole città tedesche che ne rappresentavano la parte preponderante, ritennero che la Danimarca con questa conquista avrebbe minacciato concretamente gli interessi dei loro traffici ed interscambi, quindi rapidamente seppe tessere importanti alleanze con re di Svezia e di Norvegia e dichiarò il blocco commerciale nei confronti della Danimarca.

Il blocco commerciale produsse proprio ciò che il re danese cercò di evitare: la capacità e la forza dei commercianti anseatici di influenzare le politiche del regno. Re Valdemaro IV considerava infatti le petulanti città tedesche uno stormo d'oche che assordavano con il loro starnazzare.

La guerra fu ritenuta necessaria da entrambe le parti e le città anseatiche riunite a Colonia dichiararono guerra al Re di Danimarca.

Nel primo scontro prevalse la Lega Anseatica, nel secondo scontro prevalse la Danimarca, questa vittoria costò la vita al Wittemberg, borgomastro di Lubecca e Duce della Lega Anseatica, processato e condannato in quanto ritenuto colpevole di negligenza e tradimento.

La guerra non facilitò i traffici di nessuna parte in guerra e un armistizio pose fine per alcuni anni alle attività belliche.

Volontà di espansione e di decisione del re danese, da una parte e necessità di avere le mani libere delle città della Lega Anseatica, dall'altra, fece crescere nuovamente la tensione.

Le questioni aperte erano troppo importanti e le coste coinvolte dal conflitto erano il contesto centrale delle attività anseatiche quindi era necessario affrontarle e risolverle.

I diritti minacciati riguardavano le singole città e con esse la Lega ma i privilegi riguardavano i singoli commercianti e le singole città aderenti era quindi necessario che il fronte belligerante prima, ed eventualmente negoziale poi, fosse più forte e compatto.

A tal fine a Colonia si riunirono i rappresentanti di settantasette città tedesche, olandesi e di altri paesi, anche non facenti parte della Lega Anseatica, alcuni principi e l'ordine teutonico, al fine di costituire un fronte potente ed organizzato per prepararsi allo scontro finale e decisivo. La riunione determinò la scelta di finanziare l'operazione con un imposta proporzionale al carico trasportato nonché il contributo di navi, munite di uomini armati, che ogni città doveva conferire alla costituenda flotta comune.

Nel terzo scontro, quello decisivo, la lega di Colonia, guidata dai borgomastri di Lubecca Jacob Pleskow e di Stralsund Bertram Wulflam, anche con l'insperato contributo di nobili danesi ribellatisi al re, prevalse nettamente imponendo alla Danimarca onerose condizioni di pace.

La pace venne siglata il 24 maggio 1370 a Stralsund in quanto il borgomastro della città fu uno dei capi della flotta, la città di mare era ben collocata strategicamente rispetto alla Danimarca e perché disponeva, da sola, di una flotta di circa trecento navi.

Le condizioni richieste dalla città tedesche e concesse dalla Danimarca furono:

- libertà di commercio in tutto il regno danese;

- la conferma degli antichi privilegi sulle piazze di Skanor e Fastelrbo;

- il riconoscimento alla lega Anseatica del 15% dei profitti provenienti dai commerci in territorio danese;

- il riconoscimento del diritto di veto sull'elezione del re di Danimarca;

- furono riconosciuti, per 15 anni, il diritto di uso delle principali fortezze della Scania, Skanor, Falsterbo, Malmo e Halsingborg, a garanzia dell'accordo.

Il contenuto dell'accordo fu suggellato dal Re di Danimarca nell'ottobre del 1371 e dal consiglio della Corona nel 1376.

Come previsto dall'accordo nel 1385 le fortezze ottenute a garanzia dell'accordo furono restituite alla Danimarca.

L'importante documento, la cui fedele riproduzione è ancor oggi visibile in una bacheca del locale Kulturhistoriches Museum, è composto da un unico foglio con in calce un notevolissimo numero di sigilli di ratifica ed è posato, lievemente inclinato, disponibile ad essere guardato e fotografato ad imperitura memoria di un succedersi di eventi carichi di tensione, energia, forza e speranza passate anche attraverso il dialogo.

Gli eventi narrati trasmettono il grande vigore e l'energia con cui in quel tempo commercianti e città affrontarono le loro grandi possibilità di crescita ed arricchimento.
Ci trasmette la grandissima capacità di mobilitazione ed organizzazione che la lega Anseatica, anche senza legami giuridici, seppe rappresentare ed immettere nella storia dell'uomo.
Capacità di mobilitazione, da una parte, un regno centralizzato, molto frammentato e poco localmente strutturato, gravido di privilegi censuari e condizioni molto subalterne delle classi contadine, dall'altra, ci hanno consentito di attraversare

> *una pagina di storia che ha cambiato il futuro di quello scenario e dei soggetti coinvolti nella vicenda.*
>
> *Un negoziato prematuro e realizzato senza troppa convinzione, da molte parti scelte radicalizzanti capaci d'influenzare quelle successive, la convinzione della bontà di scelte forse non sufficientemente condivise, una sottovalutazione della capacità aggregante della lega Anseatica, finirono per enfatizzare i rapporti di forza e di potere contrattuale concorrendo a determinare un accordo accettato ma non equilibrato, sottoscritto ma non scelto, con garanzie in luogo di fiducia.*

j. Prima della prima: mediazioni e mediatori

Sullo scenario europeo l'alba del 20° secolo illuminò le volontà e le concrete attività colonialistiche da parte di alcuni paesi europei che ben presto compresero la mutua utilità di reciproci riconoscimenti delle singole sfere d'influenza coloniale.

A tal proposito il 20 maggio 1882 la preesistente duplice alleanza tra Germania ed Austria si allargò anche al Regno Italico e i tre paesi sottoscrissero il primo dei patti con cui viene individuata "la Triplice alleanza". Questa alleanza, considerata interessante dal Regno Italico per mettere a riparo le proprie aspirazioni colonialistiche da conflitti con paesi europei ed in funzione anti francese, anche se poco coesa e indebolita da un comportamento ondivago del Regno Italico, allertò però i paesi circostanti.

Francia e Russia, nonostante i loro diversissimi mondi interni, compresero ben presto che occorreva essere pronti a fronteggiare gli eventuali effetti di un crescente attivismo germanico e di un ritorno forte dell'Inghilterra anche con un suo riavvicinarsi con la Germania.

I negoziati durarono a lungo ma emerse la volontà comune di una vera e propria alleanza franco - russa, che infatti durò fino alla rivoluzione Russa del 1917.

Il 18 agosto 1892 i due paesi firmarono l'accordo, noto anche come "duplice intesa", costituito da sette articoli e che prevedeva, fra l'altro, una mutualità difensiva in caso di aggressione tedesca, un patto di reazione congiunta in caso di attacchi da parte della triplice alleanza, una previsione di concertazione fra i due stati maggiori nonché l'impegno a non sottoscrivere trattati di pace su tavoli separati.

Questa strategia di ricerca e di valorizzazione di intenti comuni produsse, successivamente, anche l'articolato testo "dell'intesa amichevole" formalizzato nel 1904 tra Francia ed Inghilterra.

L'intesa amichevole anche nota come "Entente cordiale" fu considerata come l'avvio di un tempo nuovo, in cui i due paesi non solo avevano concordato le singole aree d'azione e d'influenza, nelle loro attività colonialistiche, ma erano convinte di averlo realizzato con spirito di equità anche registrando l'assenza di residue divergenze e litigi.

Questa fase storica densa di accordi esplicitamente finalizzati a facilitare processi espansionistici delle grandi potenze coloniali riguardarono anche la Russia che, avendo fatto parte della grande alleanza delle otto nazioni (Regno Unito, Stati Uniti, Australia, India, Germania, Francia, Austria, Italia e Gippone) che nel 1900 spense la ribellione dei boxer in Cina, sperò di essersi guadagnata una posizione di favore per ottenere un porto libero dai ghiacci nell'oceano pacifico e realizzare le sue mire sulla Manciuria e sulla Corea.

Gli intendimenti russi però confliggevano con gli interessi giapponesi.

Seguirono, prima, un negoziato infruttuosamente concluso, poi, una proposta giapponese di accordo che prevedeva la Corea quale sfera d'influenza giapponese, e la Manciuria quale, sfera d'influenza russa, non accettata dalla Russia.

A sorpresa il Giappone il 10 febbraio 1904 dichiarò guerra alla Russia.

I primi scontri avvennero a Porth Arthur, principale porto della Manciuria e Chemulpo (ora Incheon) principale porto della Corea e ben presto gli scontri, prevalentemente navali, accrebbero di frequenza e d'intensità.

Negli scontri diretti prevalsero i giapponesi ma i russi presidiarono il territorio, prevalsero nei piccoli scontri locali per il loro esercito più numeroso, armato, organizzato e con una cavalleria superiore.

La ferrovia transiberiana poi, consentì ai russi di spostare sullo scenario di guerra un grande numero di soldati in tempi ragionevolmente brevi.

Nell'anno 1904 salì il livello dello scontro ed il Giappone, con le sue torpediniere danneggiò e bloccò le navi russe nei vari porti ed iniziò l'avanzata nipponica nella Manciuria, occupò il porto di Dalny e nella battaglia di Liao yan sconfissero i russi obbligandoli a ritirarsi.

L'ultima carta a disposizione della Russia era una grande e potente flotta navale, anche se in parte obsoleta ma la stessa doveva raggiungere i luoghi degli scontri infatti, alla fine di agosto del 1904, cinquanta navi da guerra al comando dell'ammiraglio Rozestventskij lasciarono la base di Kronstadt, vicino a San Pietroburgo, in direzione di Vladivostok, con l'idea di circumnavigare l'Europa e l'Africa, passare per il Capo di Buona Speranza e risalire l'Oceano indiano fino all'oriente.

La flotta, nella notte tra il 21 ed il 22 ottobre 1904, nel mare prospiciente la cittadina inglese di Hull, in una zona chiamata Dogger bank (dalla parola olandese "Dogge" che significa "nave da pesca"), una striscia sabbiosa che in taluni punti non è più profonda di 13 metri, effettuò degli avvistamenti. Il clima di grande tensione e sospetto, un'errata segnalazione effettuata da un nave officina russa ed una serie di avvistamenti notturni mal interpretati, determinarono uno scontro a fuoco, tra navi della flotta russa e contro una flotta di pescherecci inglesi scambiati per siluranti nipponici.

Il bilancio dell'attacco risultò subito molto grave. Gli effetti diretti furono un morto sull'incrociatore russo Aurora, una sparatoria contro alcuni pescherecci inglesi con danni a cinque di questi e l'affondamento del Crane con due morti e sei feriti. L'effetto indiretto fu il conseguente incidente diplomatico apertosi con l'Inghilterra che, in forza dell'alleanza anglo giapponese sottoscritta nel 1902, si era impegnata alla neutralità.

I rapporti tra la Russia e l'Inghilterra divennero subito molto tesi.

Proprio mentre l'Inghilterra valutava la giusta risposta all'incidente del Dogger bank i diplomatici francesi, consapevoli che entrambi i paesi in contrasto erano legati alla Francia da patti ed alleanze bilaterali, formalizzarono la proposta di affrontare la contesa facendo ricorso alle previsioni della Convenzione dell'Aja.

La contesa fu quindi affrontata da una Commissione internazionale d'inchiesta, composta da cinque ammiragli: il francese Fournier, che la presiedette, l'inglese Sir L. Beaumont, il russo Dubassof, lo statunitense Davis e l'austro ungarico Barone De Spaun, ebbe sede a Parigi ed in soli trentotto giorni, anche con sedute pubbliche, gestì pacificamente la controversia (si sarebbe infatti conclusa il 25 febbraio 1905 con la proposta di un indennizzo per i danni di 65.000 sterline, che la Russia avrebbe accettato e onorato).

Nel 1905 la situazione per la Russia peggiorò ulteriormente con la caduta di Port Arthur, la sconfitta di Madnuk (attuale Shenyang) e la disfatta navale di Tsushima.

Sul fronte interno le notizie non furono migliori, infatti sommovimenti presenti da tempo nella società russa si saldarono: la diffusa contrarietà della popolazione alla guerra, l'attivismo dei diversi partiti di opposizione che, di fronte all'incapacità del regime zarista di concludere vittoriosamente la guerra con il Giappone, ripresero fiducia in una sua liquidazione, un ondata di proteste studentesche, l'accrescersi di diserzioni dai centri di reclutamento dell'esercito nonché un ondata di scioperi nei pozzi petroliferi e nelle officine indussero il regime zarista a valutare seriamente l'ipotesi di abbandonare la guerra per concentrarsi sulle complicate questioni interne.

Anche il Giappone era in difficoltà ed i prolungati sforzi dell'economia di guerra esaurirono le risorse finanziarie ed accrebbero il debito pubblico.

In quella fase, di grande difficoltà per entrambi i contendenti, probabilmente su suggerimento segreto del Giappone, prese forma una concreta via d'uscita.

La via d'uscita assunse la forma di una proposta di mediazione del Presidente degli Stati Uniti Theodore Roosevelt, con l'appoggio della Germania. La proposta fu favorevolmente accolta da entrambi i contendenti a dimostrazione della sua utilità.

Su proposta del Presidente, d'accordo con i contendenti, fu organizzata una conferenza di pace a Portsmouth nello New Hampshire.

Le trattative, fra le due delegazioni paritetiche russe e giapponesi, iniziarono il 25 agosto 1905 e durarono 11 giorni, infatti il trattato fu sottoscritto il 5 settembre 1905.

Il negoziato produsse un articolato accordo contenente scelte importanti quali:

1. la mancata previsione di un indennità di guerra;

2. il riconoscimento d'influenza politica del Giappone sulla Corea;

3. lo sgombero simultaneo di tutte le truppe russe e giapponesi dalla Manciuria;

4. la concessione al Giappone di Port Arthur, di tutte le sue dipendenze, della ferrovia meridionale della Manciuria, della parte sud dell'isola di Sakhalin;

5. la concessione della Russia al Giappone di particolari diritti di pesca lungo le coste della Siberia.

La notizia del trattato provocò disordini a Tokio e mugugni a Pietroburgo ma nell'anno 1906, per il ruolo di mediatore svolto nella guerra russo giapponese, il Presidente degli Stati Uniti fu considerato meritevole del Premio Nobel per la pace.

> *Dai fatti narrati possiamo trarre qualche interessante indicazione.*
>
> *Anche contesti storici carichi di tensione e di rivalità effettive ed apparenti possono essere resi vivibili dall'attività di un terzo che, se non è del tutto neutrale, gode però della fiducia delle parti coinvolte.*
>
> *Non esiste un elencazione tassativa di metodi o approcci per facilitare il dialogo e la soluzione negoziale condivisa di situazioni conflittuali, ma modalità come la commissione d'inchiesta internazionale, che, volta per volta, consentono interventi, più adatti di altri, a rendere possibili preventive ricostruzioni fondate su fatti e dati oggettivi al fine di rendere la gestione condivisa degli effetti degli eventi conflittuali meno partigianamente interpretabili.*
>
> *In presenza di un conflitto che si credeva di poter facilmente chiudere in fretta con l'uso della forza l'offerta di aiuto di un terzo neutrale autorevole può salvare i conflliggenti da tante situazioni non aprioristicamente prevedibili, poi, qualche volta, il contesto e il tempo aiutano a fare il resto.*

k. Ventisette mesi, sette protocolli e quattro mediatori

Il Mozambico è uno tra i cinquantaquattro stati che compongono il continente africano e si distende lungo la costa affacciata sull'oceano indiano prospiciente al Madagascar.

La vicende della sua storia sono emblematiche del continente.

Un lunga dominazione lusitana, una devastante stagione coloniale che determinò una molteplice reazione resistenziale attraverso vari movimenti: UDENAMO (*unione democratica nazionale del mozambico*), MANU (*Unione nazionale africana del Mozambico*), e l'UNAMI (*Unione Nazionale africana per il Mozambico indipendente*) uniti nel fronte di libertà del Mozambico in sigla FRELIMO.

Nel giugno del 1975 ottenne l'indipendenza e nacque la Repubblica Popolare del Mozambico ma le povertà post coloniali ed il radicalismo dei movimenti resistenziali fecero emergere un governo d'impronta marxista - leninista che avviò una campagna di nazionalizzazioni in sanità, Istruzione e giustizia e di socializzazione della terra.

Alcuni militari ed alcuni dissidenti del Fronte di libertà del Mozambico avviarono una guerra intestina e si rifugiarono in Rhodesia: il governo ed i servizi segreti di quest'ultimo paese organizzarono "l'altro mozambico" dando vita al movimento di Resistenza Nazionale Mozambicana in sigla RENAMO.

L'appoggio esterno al movimento antigovernativo RENAMO prima da parte della Rhodesia e poi, seppure con altri obiettivi, dal Sudafrica diedero forza e mezzi alle ragioni controrivoluzionarie nel Paese e nella comunità internazionale. Crebbero intanto anche gli attacchi da parte di RENAMO a siti strategici (scuole, strade, oleodotti ecc) ma soprattutto si moltiplicò il numero degli arruolati alla causa del conflitto.

Da parte sua FRELIMO non considerava la chiesa cattolica come una risorsa ma un retaggio del periodo coloniale ignorando o limitando le attività del clero e a fronte di ciò l'arcivescovo di Beira Goncalves, che viveva lontano dal paese, si attivò per rendere possibile la conoscenza del problema della chiesa cattolica nel più ampio contesto della guerra civile e nella ricerca di questi contatti incontrò a Roma la Comunità di Sant'Egidio.

Negli anni 1986 e 1987 il conflitto raggiunse la massima pericolosità per i militari ed i civili tanto che, alla fine del 1987, le istituzioni economiche internazionali (Fondo Monetario e Banca Mondiale) misero a punto con il governo mozambicano un programma di rilancio e ristrutturazione economica che richiedeva un cambio di concezioni d'approccio in economia e l'avvio di un cammino verso un organizzazione politica pluripartitica.

In questa situazione il vescovo Goncalves e la Comunità di

Sant'Egidio cominciarono a valutare l'ipotesi di rendersi attivi in un opera di mediazione tra le parti, ma non era facile, una parte, FRELIMO, non intendeva riconoscere l'altra parte, il RENAMO.

Un intervento di Andrea Riccardi al congresso del FRELIMO prima, un invito a Roma di una delegazione della stessa organizzazione dopo, e ancora, un invito a Roma del leader della RENAMO, furono gesti capaci di creare un clima favorevole all'avvio di attività negoziali.

Roma divenne il luogo in cui si avviarono le trattative e quattro furono i facilitatori dell'avvio del negoziato: Mario Raffaelli, rappresentare del governo italiano, Jaime Goncalves arcivescovo di Beira, Andrea Riccardi e Don Matteo Zappi per la comunità di Sant'Egidio.

Acclarata la volontà delle parti di avviare il negoziato la prima questione riguardò chi dovesse essere il mediatore, prevaleva infatti la volontà che dovesse essere un paese africano.

Ben presto le opzioni in campo per i possibili mediatori africani sfumarono ed i facilitatori dell'avvio del negoziato assunsero, per volontà condivisa, il ruolo di mediatori.

Il secondo incontro consentì alle parti di raggiungere e sottoscrivere un accordo relativo:

- al destino delle truppe dello Zimbabwe presenti sul territorio mozambicano che rimasero al solo fine di rendere fruibili i corridoi di transito di Limpopo e di Beira della larghezza di 3 km;

- all'istituzione di un commissione internazionale di verifica dell'accordo sui corridoi presieduta dall'ambasciatore italiano in Mozambico, Incisa di Camerana.

Il terzo incontro limitò il suo intervento a valutare l'ipotesi del coinvolgimento della Croce Rossa a favore della popolazione.

Lo svolgimento delle attività negoziali subì poi un rallentamento in seguito ad una serie di violazioni dell'accordo sui corridoi.

Era il momento più difficile delle attività negoziali, occorreva capire davvero se c'era, da entrambe le parti, la volontà di procedere o se viceversa quello ottenuto era stato il massimo ottenibile in via negoziale.

Forse era davvero giunto il tempo:

1. d'incontrare le singole visioni del confronto;

2. di valutare tutti insieme un accordo di tragitto che rassicurasse le singole parti ma al tempo stesso assicurasse la continuità del processo negoziale in modi e tempi condivisi.

Non fu difficile per i mediatori comprendere che il problema era il mancato reciproco riconoscimento delle parti nonché le loro diverse aspettative sul negoziato.

Il FRELIMO si considerava il governo democratico e legittimo del Paese che ascolta dei guerriglieri, il RENAMO, viceversa, si sentiva portatore del vero potere quello di legittimazione delle autorità che sta nelle mani del popolo: il primo cercava la pace, il secondo cercava "un altro mozambico" o quello vero e delle garanzie per l'evolversi della situazione.

Dopo una breve pausa di riflessione, i mediatori proposero alle parti di costruire un documento comune che prevedesse esplicitamente il riconoscimento dell'altro ed indicasse un tragitto condiviso.

La giusta intuizione dei mediatori passò attraverso l'allargamento della posta in gioco infatti un mozambico dal futuro "indefinito" indeboliva entrambe le parti e alimentava paure e sospetti.

La scelta dei mediatori di sottoporre al tavolo negoziale tre protocolli: uno generale che riconosceva il negoziato in corso e la necessità della sua continuazione; due speciali che prefiguravano rispettivamente un ipotesi di legge sui partiti e una sulla ipotersi di una legge elettorale, consenti loro di superare l'empasse negoziale.

Le due parti sottoscrissero in tempi brevi un accordo sulla legge elettorale che comprendeva una serie di regole condivise ed il tavolo negoziale si articolò prevedendo, nelle delegazioni anche esperti di questioni militari, nonché la presenza di osservatori delle Nazioni Unite e di quattro paesi: Portogallo, Francia, Inghilterra e Stati Uniti.

La siccità che attanagliava in quei mesi il mozambico indusse poi le parti alla firma di un altro accordo, relativo a linee guida condivise per l'assistenza umanitaria.

L'attenzione, gli auspici e le speranze evocate dal negoziato irruppero sul tavolo facendo sentire i negoziatori ancora più stimolati a procedere nel loro lavoro.

Anche per mezzo dell'autorevole intervento di Robert Gabriel Mugabe, Presidente della Repubblica dello Zimbabwe, si riuscì anche ad organizzare a Roma un incontro diretto fra i due massimi rappresentanti: Joaquim Alberto Chissano, Presidente della Repubblica del Mozambico e Afonso Machacho Marceta Dhlakama, Presidente del RENAMO.

La dichiarazione congiunta sottoscritta in tale occasione il 7 agosto 1992 fu davvero di grande rilievo, infatti previde passi concreti verso il recepimento nell'ordinamento giuridico mozambicano di strumenti di garanzia previsti nei protocolli sottoscritti ed indicò una data di massima in cui le parti si sarebbero impegnate a raggiungere l'accordo generale e definitivo di pace. Il consenso genera altro consenso e questo clima condiviso e concreto generò un ulteriore accelerazione del processo negoziale.

L'ultima sessione negoziale, in cui le delegazioni erano riunite in due alberghi romani diversi, durò ininterrottamente 72 ore e coinvolse anche l'allora Segretario Generale delle Nazioni Unite Boutros Ghali.

L'accordo generale di pace che esplicitava l'impegno di pace e promozione della democrazia in Mozambico sulla base dell'applicazione di quanto previsto nei sette protocolli, fu sottoscritto il 4 ottobre 1992 a Roma presso il Palazzo della Farnesina dai due rappresentanti delle parti e dai quattro mediatori anche in presenza di nutrite delegazioni delle due parti negoziali e degli osservatori.

Quali indicazioni possiamo cogliere da questa vicenda.

Intanto questa splendida vicenda riconferma la dimensione civica e civile del mediatore che è certamente un esperto, terzo, neutrale e preparato ma è anche una figura che mette le sue competenze al servizio di obiettivi spesso alti e/o importanti anche per la collettività.

Indica come molto spesso il terzo neutrale possa o debba essere composto da più persone per poter ricomprendere presenze, personalità, sensibilità diverse. Ci racconta una storia senza tempo quella di uno strumento: la mediazione, antico come l'uomo ma adatto a predisporre e a generare credibilità, responsabilità, mantenimento degli impegni assunti nelle parti coinvolte, che è in grado di adattarsi alle necessità pragmatiche del risultato ricercato da volontà comuni.

Ci conferma che la mediazione è un procedimento inscindibilmente collegato a tutti gli strumenti che per funzionare hanno bisogno, di tempo, di fasi, di passaggi, di accordi di tragitto che rassicurano e, al tempo stesso, stimolano le migliori volontà: quelle collaborative.